HONREMOS
nuestra
HONDURAS

HONREMOS
nuestra
HONDURAS

Wilfredo Mayorga Alonzo

PORTADA, CONTRAPORTADA Y RETOQUES: Ramón Oquely Mayorga Alonzo y Ramón O. Mayorga Valle.

Número de Control de la Biblioteca del Congreso de EE. UU.:		2015905667
ISBN:	Tapa Dura	978-1-5065-0282-3
	Tapa Blanda	978-1-5065-0281-6
	Libro Electrónico	978-1-5065-0280-9

Información de la imprenta disponible en la última página.

Fecha de revisión: 14/04/2015

Para realizar pedidos de este libro, contacte con:
Palibrio
1663 Liberty Drive
Suite 200
Bloomington, IN 47403
Gratis desde EE. UU. al 877.407.5847
Gratis desde México al 01.800.288.2243
Gratis desde España al 900.866.949
Desde otro país al +1.812.671.9757
Fax: 01.812.355.1576
ventas@palibrio.com
709594

-- III --
MUESTRAS DE MI BAÚL   107

Índice

-- I--
PRELIMINARES

-- II --
FIGURAS ENALTECEDORAS   19

-- IV --
TRIBUTO LÍRICO 141

-- V --
VOCES SOLIDARIAS 161

BIBLIOGRAFÍA 167
ORACIÓN POR LA PATRIA 169

PERFIL DEL AUTOR

Oriundo del municipio de La Ceiba, departamento de Atlántida, en Honduras, Centro América.

Primero fue locutor y director de noticias en varias emisoras de la Costa Norte y la Capital. Comenzó escribiendo en los semanarios de su localidad y del país; y, al trasladarse a Tegucigalpa, en 1960, dispuesto a continuar sus estudios de Derecho iniciados en 1958,
se desempeñó como cronista parlamentario y columnista del diario El Pueblo. Laboró en los ya desaparecidos rotativos El Cronista y El Día. Primer jefe de redacción de los diarios La Prensa (1964) y El Heraldo (1979). Relacionador público del Ministerio de Educación, en dos ocasiones, y del Servicio de Acueductos y Alcantarillados (SANAA)). Asistente de información de la Secretaría de Prensa del Gobierno, del Congreso Nacional, del Tribunal Nacional de Elecciones, de la Empresa de Telecomunicaciones (HONDUTEL) y del Servicio de Información de los Estados Unidos (USIS). Catedrático de institutos de segunda enseñanza en La Ceiba, Trujillo y San Pedro Sula. Egresado de cursos internacionales de periodismo como becario de la OEA en Quito, Ecuador (1963), y del Instituto de Cultura Hispánica en Madrid, España (1974). Colaborador de periódicos y revistas nacionales, y de medios hablados y escritos en Honduras y los Estados Unidos (Florida, California, Louisiana y Utah). Ingresó a la Unión Americana en 1981, como agregado de prensa al Consulado de Honduras en Miami.

Fijando definitivamente su domicilio en la gran nación del Norte, en 1993 obtuvo su residencia y, en 2013, su ciudadanía.

En el año 2007 publicó su primer libro: Perfiles Catrachos. *Tiene inéditos:* David Archuleta, visto por su abuelo hispano, *que relata la carrera artística de uno de sus talentosos nietos.* Perlas en la Red, *con mensajes reflexivos de sus experiencias, y muchos recibidos por Internet. Está ansioso de llevar a una casa editorial su autobiografía que, por ahora, ha intitulado* Auroras y Ocasos. *En perspectiva,* Geniales Cuentacuentos, *con narraciones personales de hechos reales por protagonistas de increíble memoria.*

La presente edición de **Honremos a Honduras** *es un esfuerzo más de su trayectoria periodística en los últimos años, específicamente desde 1980 a la fecha.*

(wilmay1938@hotmail.com)
(wmayorgalonzo@gmail.com

==

DEDICATORIA

"Todo lo que veo me enseña a confiar en el Creador, por todo lo que no veo" (RALPH WALDO EMERSON)

Con toda humildad, a Dios

Con inmenso amor, a mi familia

Con bendiciones, a mis descendientes

Con respeto, a mis lectores

Cordialmente a todos mis colegas residentes en Honduras. Y, particularmente, a este grupo que labora en el exterior, cuyos nombres hemos recabado en conjunción con Salvador López Muñoz, sin perjuicio para quienes hayamos omitido involuntariamente:

Alberto García Marrder y Blanca Moreno (España); *Carlos Matute Rivera* (Nicaragua); *Maribel Guzmán* (Guatemala).

En los Estados Unidos de América:

Zulay Domínguez Chirinos, Neyda Sandoval, Satcha Pretto, Margarita Moya Davadí, María Teresa Interiano, Dunia Elvir, Indira Murillo, Lee Maloff, Nadia Aguilera, Carol Frazer, Sandra Silvestrucci, Cecilia Bográn, Lilian Bográn, Brenda Murphy, Sineria Núñez O.

Jacobo Goldstein, Guillermo Díaz, Tomás Antonio Gonzales, Mario López, Rafael Navarro, Gustavo Armando Mejía, Juan de D. Gutiérrez (Mr. Guty), Roque Morán, Renán Almendarez Coello, Edgardo Benítez, Mario Coto, José de J. Tábora del Pino, Mario Ramos, Renán Rodríguez Caballero, Juan Angel Funez, Héctor Sánchez, Enrique y Alfredo MacDonald, Darío Tarquino Díaz, Luis Alonso Zúniga, Félix Ovidio Cubías, Salvador Cruz Umanzor, Esteban Reyes, Roy Arturo Maradiaga, German Estrada, Víctor Angel Fuentes, German Díscua, Aníbal Núñez, Oscar Alvarado, David López, Renán Cardona, Gustavo Orellana, César Bustillo, Mario Talbot, Oswaldo Meza, Jorge Ventura, Zeín Navarro, Juan Angel Cubas, Reynel Espinoza, Reynaldo Fino, Virgilio Avila, Mario Zavala, Mauricio Flores, Nelson Perdomo, Moisés Flores, Noé Miranda, Manny Cruz, Manrique Avila, Iván Izaguirre, Carlos A. Pérez.

===

PRESENTACIÓN

Esta es una compilación del material publicado desde la década de los ochenta, con actualizaciones aun vigentes.

Es el reconocimiento para compañeros y amigos que se han ganado honores, con semblanzas de su profesión y de sus cotidianas actividades.

Es la visión de un país que se está quedando solo, porque no ha podido aminorar la pobreza, controlar la violencia, originar fuentes de trabajo, ni ofrecerle esperanzas a unos hijos que se ven obligados a abandonarlo todo para enfrentar un mundo desconocido.

Es, en verdad, la óptica de un oficio que, como cualquier otro, se practica diariamente con tropiezos, peligros y carencias; pero con amor, convicción y valentía.

Hemos agregado perfiles de colegas y conocidos que ya partieron a la eternidad, y de otros que siguen ejerciendo esta noble actividad con talento, versatilidad y fortaleza.

Sin profesar vocación alguna por la construcción poética, nos permitimos incluir unos cuantos versos inspirados en la Patria de origen, en las ciudades que nos dieron luces para crecer y en otras variadas motivaciones.

Estamos inmensamente agradecidos por la generosa recepción que dieron a nuestro libro anterior; especialmente a los municipios donde lo presentamos, librerías y negocios, centros educativos y lectores que, tanto en Honduras como en el exterior, han dado su valiosa colaboración a estos esfuerzos de esencial decisión hondureñista.

¡Honrar a Dios, es un mandamiento divino!

¡A la familia, es una obligación!

¡A la Patria, siempre será un honor!.

EL AUTOR

PRÓLOGO

Cuando el buen amigo y destacado escritor y periodista, don Wilfredo Mayorga Alonzo, nos pidió que le escribiéramos el Prólogo de su libro "HONREMOS NUESTRA HONDURAS", nos sorprendió, ya que nuestra estatura en materia periodística, ni mucho menos de escritor, se eleva a semejantes alturas.

Sin embargo, aceptamos el reto, porque sentimos un enorme cariño por Wilfredo, a quien conocemos desde muy lejanos tiempos y le hemos seguido como ceibeños su trayectoria periodística en La Ceiba, San Pedro Sula, El Progreso, Tegucigalpa y los Estados Unidos de Norteamérica.

Recordamos –como si fuera ayer, a mediados de la década del 50— cuando Mayorga Alonzo estudiaba en el instituto departamental 'Manuel Bonilla', fue compañero de aula de mi hermana mayor, profesora Ondina Moya Posas, quien tiene de él los más lindos recuerdos.

Siempre fue un aventajado estudiante y un amigo sincero. Su humildad es admirable. Su padre, el profesor J. Joaquín Mayorga, quien para ese tiempo era catedrático del mismo centro de enseñanza, contribuyó a su formación positivamente.

En esta ciudad de La Ceiba dio sus primeros pasos en el campo del periodismo, especialmente en las emisoras La Voz de Atlántida y Radio El Patio, igual que en los periódicos locales, El Atlántico, de Angel Moya Posas y El Heraldo, de Amílcar Cruz Garín, para, posteriormente hacerlo en la capital y San Pedro Sula. Con el correr de los años, lo hizo en otras ciudades importantes del país.

Destacamos que Wilfredo Mayorga Alonzo fue el primer jefe de redacción del diario La Prensa, de San Pedro Sula. Por cierto, este periódico arribó a sus cincuenta años de fundación el 26 de octubre del año 2014. Tres lustros después, al crearse en Tegucigalpa el diario El Heraldo, Mayorga asumió la jefatura de redacción de tan importante medio de comunicación con cobertura nacional.

Su probada experiencia le llevó a viajar al propio campo de las acciones de Vietnam del Sur durante los enfrentamientos bélicos que mantenían en vilo al mundo entero. Similar papel desempeñó en la cobertura de la llamada Guerra del Fútbol con El Salvador, en 1969, para Canal 7 de television. Esto –como los cursos, seminarios, reconocimientos, premios, estudios a nivel superior dentro y fuera del país—jamás ha cambiado su trato y comportamiento para con los amigos y sociedad en general. Wilfredo sigue hoy en día siendo el mismo desde su infancia. Las alturas no lo han mareado.

Pese a tantos logros profesionales adquiridos, su condición económica se mantiene a nivel de clase media, porque no se aprovechó de los cargos asumidos para llevar agua a su molino. Actualmente reside en los Estados Unidos de Norteamérica junto a su familia, donde sigue dando rienda suelta a su creatividad intelectual. Ahora produciendo libros que serán un tesoro para la hondureñidad.

Leer *HONREMOS NUESTRA HONDURAS*, debe convertirse en una obligación, sobre todo para los amantes de la buena lectura. En sus páginas encontrarán pasajes en verdad interesantes sobre su labor periodística, radial, escrita y televisiva.

Su técnica para aplicar la narrativa es fantástica. Igual debemos resaltar su privilegiada memoria para recordar –como si fuera hoy— cada pasaje relatado sobre éste o aquel personaje u acontecimiento que tuvo lugar décadas atrás. Sus archivos personales y los visitados para extraer información valiosa que ahora pone a nuestra vista, afirman su genialidad para saber dónde y cómo utilizarlos. Ello resalta la vena periodística que el Creador del Universo le concedió desde que vino al mundo.

Hoy, en esta obra que pone en nuestras manos, leemos parte de la vida de otros grandes escritores, artistas, locutores y, desde luego, periodistas de nuestra amada Honduras. En capítulos aparte van las anécdotas, vivencias, relatos, propios de los momentos fascinantes de La Ceiba de ayer y de otros rincones de la patria querida, que nos hacen retrotraernos en el tiempo, mientras aflora en nuestros labios una leve sonrisa al recordar instantes agradables, picardías de la niñez o juventud que nos refiere Wilfredo en su libro y que vienen siendo una continuidad del primero publicado en 2007, como Perfiles Catrachos.

Él hace de esta forma un tributo a sus colegas y personas que han sobresalido en el campo intelectual –incluyendo los escritores— no solo capitalinos y sampedranos, sino aquellos que desde la campiña hondureña han aportado con su intelecto hermosas obras, para posibilitar acontecimientos del pasado que ya forman parte de la historia nacional y del interés público.

Cada escritor tiene su estilo, su forma de ver las cosas, o sencillamente describirlas. Es por eso, que 'Reflejos de Honduras', surge de la pluma del amigo Mayorga Alonzo, como algo de nuestro agrado, porque todo es descrito con un lenguaje sencillo y hace énfasis en determinados temas o personajes, con tal sutileza, que gusta, porque el autor sabe que su trabajo literario es para describir los hechos, en forma tal, que ninguno de sus personajes seleccionados sienta que es superior a otro.

Esto no es fácil lograrlo y Mayorga lo hace con mucha perfección. Cuando se lee algo así, vemos que los periodistas y escritores, serios y responsables, dignifican al gremio.

Y yo, que no soy más que un "obrero del pensamiento" me siento feliz de leer y prologar "HONREMOS NUESTRA HONDURAS".

CARLOS MOYA POSAS

NOTA DEL AUTOR:

Según nos manifestó entre amigos, es su primer ensayo como prologuista, pero, al igual que su padre —el recordado maestro don Angel Moya Posas, quien sostuvo vigente por más de cuarenta años su periódico EL ATLÁNTICO—este aún joven periodista ha ejercido la profesión combinando sus responsabilidades como padre, deportista (fue en su adolescencia guardameta del club local Victoria), comunicador de la radio, alto funcionario municipal y por más de dos décadas coordinador en la ciudad de La Ceiba del Diario La Prensa y del suplemento semanal, El Ceibeño. Hoy, no pudo eludir el encargo de esta presentación, comprometido por la amistad que, como él mismo reconoce, data quizá desde cuando La Ceiba comenzó como la Novia del Atlántico, continuó como Capital de la Amistad y que, inevitablemente, sigue flirteando con su Pico Bonito y con el Turismo global.

===

-- II --

FIGURAS ENALTECEDORAS

UNA MIRADA RETROSPECTIVA HACIA LA ÉPOCA EN QUE CONOCIMOS A ESTOS CIUDADANOS VINCULADOS AL ÁMBITO PERIODÍSTICO, Y A OTROS CON DIVERSAS ACTIVIDADES SOCIALES Y CULTURALES.

EN NUESTRO PRIMER LIBRO PUBLICADO A FINALES DEL 2007, PERFILAMOS ALGUNOS DE LOS PERSONAJES DESTACADOS DE NUESTRO PAÍS, PERO -- SIENDO DIFÍCIL ABARCAR A LA GRAN MAYORÍA-- HEMOS INTENTADO RESEÑAR LOS NOMBRES DE NUEVOS COMPATRIOTAS QUE FORMAN PARTE DE LA HISTORIA NATIVA, Y A QUIENES LES RENDIMOS ESTE TRIBUTO DE ADMIRACIÓN Y CARIÑO.

ILUMINANDO NUESTRAS LETRAS

Suponíamos estar entre los pocos que tropezábamos con infranqueables muros para publicar un libro, ateniéndonos a aquella incomprensible frase "que nadie es profeta en su tierra".

Ahora, analicemos los grandes obstáculos que una gran mujer afrontó para editar una de las obras de su invaluable cosecha, teniendo que acudir a una prestigiosa firma guatemalteca para

19

sacar a luz su proyecto. Allí mismo, donde otros hondureños en su tiempo (Ramón Amaya Amador, Paca Navas de Miralda, Argentina Díaz Lozano) sufrieron el ostracismo y publicaron sus más famosas producciones.

Por cierto, doña Helen Umaña vivió desde su infancia en Guatemala hasta 1989, cuando reconoció que Honduras era la parcela que la llamaba para que compartiera todo su talento, sus lágrimas y alegrías, en respuesta a tantos años de obligada ausencia.

Cuando el abogado y escritor, Mario Berríos, nos entregó el libro el 10 de julio del 2007, no estaba en circulación porque su presentación había venido postergándose debido a quebrantos de salud de la autora. La sorpresa y la emoción sacudieron nuestras fibras sentimentales, por esa deferencia que muy pocas personas reciben y por la honrosa dedicatoria: "Para el buen amigo Wilfredo Mayorga, con las muestras de mi aprecio y gratitud. Fraternalmente. Helen Umaña. 2007".

Se trata de "La palabra iluminada.- El discurso poético en Honduras", que presentó en San Pedro Sula esta laureada escritora ocotepecana. El acto y las repercusiones, no son más que el resultado de largos periodos de recopilación, estudio y análisis --con maestría y erudicción-- de 693 obras poéticas, que 542 intelectuales hondureños lograron llevar a las imprentas, con todo y los gajes del oficio.

Nos imaginamos a esta ilustre egresada en Lengua y Literatura Española e Hispanoamericana, de la Universidad San Carlos de Borromeo (de las más antiguas y prestigiosas casas de estudios superiores, donde estudiaran José Cecilio del Valle y otros preclaros compatriotas), gestionando en varias universidades de su país el respaldo para su importante trabajo y que sólo unos cuatro se hayan interesado en apoyarla. ¿Decepción, impotencia, frustración, doña Helen?

Esta dama hizo lo más acertado. No tiró la toalla. Con su propio pañuelo, secó la irritación que se acumulaba en sus pestañas de tantos insomnios acumulados, y lanzó un S.O.S. a personas e instituciones comprensivas, quienes respondieron al grito de la cultura, aportando su granito de arena que ha venido a concretarse en 875 páginas, ofrecidas al presente y al futuro literario de Honduras.

Con este nuevo título bibliográfico, habremos de saciar mayores conocimientos y resaltar la inspiración de conocidos y no muy conocidos portaliras, desde Antonio Paz y Salgado (nacido en el Real de Minas de Tegucigalpa, a finales del siglo XVII), hasta Estanislao Madera Lenín, y otros panidas vigentes.

¡Así se hace Patria, doña Helen! Con entrega total y sin reservas.

(San Pedro Sula, Honduras 1 de octubre, 2007)

POSDATA

Doña Helen, tuvo la gentileza de cursarnos el siguiente correo electrónico: "Mi estimado amigo: No sabe cuánto le agradezco sus palabras de aliento y solidaridad aparecidas hoy en diario TIEMPO. Muy lindas y muy sentidas. Un fraterno abrazo y, de nuevo, las muestras de mi gratitud y cariño. HELEN"

EL SIGLO DEL MILPERO

El 20 de octubre del 2007, se recordaron cien años del nacimiento del abogado y escritor MEDARDO MEJIA, el orgullo de San Juan Jimasque, lugarcito de tierra adentro que se pierde en las llanuras olanchanas y que los hondureños deberíamos conocer y divulgar, para que las nuevas generaciones indaguen sobre la historia que un hijo predilecto llevó fuera de los límites territoriales.

A Jimasque, el Estado debiera declararlo como reliquia nacional, por haber sido la cuna de uno de los ciudadanos más cultos y estudiosos, en quien no hicieron mella los exilios ni las amenazas, para promover los valores cívicos en sus artículos, libros y poemas.

Conocimos a Don Medardo --prefería el trato respetuoso, más que los títulos que poseía, merecidos, "pero a veces vanidosos"-- durante un viaje que, como encargados de la redacción de un periódico sampedrano, hicimos a la capital mientras él era uno de los editorialistas. Nos lo presentó el invariable amigo Sigfrido Pineda Green, por entonces laborando como encargado de la redacción en la capital.

El diálogo fue breve. Lo necesario para intercambiar saludos e ideas. Estábamos frente a una persona seria, muy seria, pero suficientemente capaz de comprender a la juventud y transmitirle sus sabios consejos. Digamos que era parco, y prefería mejor escribir que hablar. Quizá fuese más extrovertido con sus íntimas amistades.

Cuando volvimos a residir en Tegucigalpa, solíamos verlo sentado junto a una mesa del desaparecido Jardín de Italia, conversando con otros dos distinguidos parroquianos: el poeta Raúl Gilberto Tróchez y el historiador Julio Rodríguez Ayestas. A veces, nos acercábamos a saludarlos, porque los tres nos guardaban consideraciones personales.

Iván Mejía Reyes, (*) descendiente directo de Medardo Mejía, sacó de la imprenta su *"Recordando a un Milpero"*, editado en memoria de tan ilustre pariente. Su columna dominical, lleva como epígrafe el vocablo indígena *Anathé,* conque el escritor olanchano bautizó uno de sus poemarios; un nombre que los antepasados daban a los libros confeccionados con fibras de henequén.

El colega reclama --y con justificada decepción-- que a los poderes estatales *"ni se les cruzó por la mente que el 2007 es el centenario de este hombre de letras"*. Sin embargo, reconoce la espontánea voluntad que --la Universidad Pedagógica "Francisco Morazán" y su Fondo Editorial, el Instituto Hondureño de Antropología e Historia, y los catedráticos y estudiantes de Letras, Pedagogía y Ciencias Sociales de la Universidad de San Pedro Sula-- pusieron en el desarrollo de actividades conmemorativas del nacimiento de este polígrafo, periodista, humanista y político hondureño.

Medardo Mejía fue a reunirse con Serapio Romero (El Cinchonero) el 1 de mayo de 1981. Allá lo esperaba su paisano, machete al cinto, para sembrar las milpas de la verdad y las reivindicaciones, que en su espacio terrenal no pudieron cosechar.

Han quedado las semillas de *El fuego nuevo (Tumban Kat)*, y muchos tomos de su *Historia de Honduras* y otros volúmenes que este pensador de la *"tierra del oro y del talento cuna"* dejó para que la posteridad --igual que a Morazán-- le hiciese justicia.

Su frase de ser *"un mal historiador que suele escribir buenas páginas históricas, y un buen poeta que escribe malos versos"*, no era sino el producto de su modesta personalidad.

(San Pedro Sula, Honduras, 30 de octubre, 2007)

(*)

Iván Mejía Reyes, dejó de existir el 26 de diciembre del 2008 en San Pedro Sula, ciudad que escogió para vivir y laborar desde que abandonó la capital en busca de horizontes más amplios. En su cartapacio de ciudadano íntegro llevó siempre el espíritu e inspiración de su columna ANAHTÉ, pero no pudo soportar la angustia de vivir con honradez y dignidad, en un mundo cargado de egoísmo e ingratitud.

En su morral proletario se llevó todos los honores que los humildes le tributaron leyendo sus comentarios; pero deja a su familia el legado de mantener la frente en alto, el andar elegante y las ideas brotándole en la mente para buscar la reivindicación del pueblo hibuerense.

Le sobreviven su esposa Blanca Flores (también periodista) y sus hijos Iván, Medardo Bladimir, Ixin Alejandrovich, Blanca Ivana y Eva Carolina.

MÁRTIRES DEL PERIODISMO

¿Qué pecados han cometido los periodistas, y contra quién, para que ahora estén siendo ajusticiados misteriosamente por manos criminales y mentes diabólicas?

Esas interrogantes y muchas más, surgen de una sociedad aterrorizada por las fuerzas del mal, en una época que se presume está en el punto más alto de la civilización, pero sujeta al crimen horrorizante y devastador. Ninguna explicación encuentran ni dan las autoridades por tanta violencia. Nadie contra quién o quiénes la mano de la justicia pueda inculpar directamente, a no ser por sospechas, especulaciones o secretas indagaciones.

El periodismo ha sido ejercido como una profesión de respeto, consideración y dignidad. Un oficio enaltecedor, por su condición de fiel defensor de las instituciones, públicas o privadas, y orientador de los intereses nacionales.

Como receptor de las inquietudes populares, ha sido y es emisor de las resoluciones provenientes del sector gubernamental. Siempre ha estado al servicio de los intereses patrios, y su ética se ha puesto a prueba cuando manos ocultas han querido desviar su integridad con atractivas o deshonestas ofertas. Hablamos, por supuesto, de los periodistas comprometidos hasta la médula con su trabajo.

Eso es lo que hacían hasta su muerte los comunicadores martirizados. Pero no se concibe tanta sangre y tanta muerte. Ante esas monstruosidades, el pueblo se formula varias tésis: ¿Están los periodistas pagando culpas ajenas? ¿Hay indicios de que sus muertes fueron ajusticiamientos y ya estaban amenazados? ¿Los confundieron?

Aunque la vida no pueda garantizarse con lamentos, pronunciamientos, condenas o hipótesis, las organizaciones gremiales, las instituciones de Derechos Humanos e impartidores de justicia, deben profundizar las investigaciones para que estos desafueros no sigan prevaleciendo, ni queden silenciados por la impunidad.

POSDATA:

En memoria de nuestros colegas fallecidos --trágicamente, o por causas naturales—consignamos sus nombres en estas páginas por orden de fechas desde el año 2003, aunque otros no aparezcan por carecer de información fidedigna.

GERMAN RIVAS (26 de noviembre, 2003; CARLOS SALGADO (18 de octubre, 2007); FERNANDO GONZÁLES (1 de enero, 2008)

En el 2009:

BERNARDO RIVERA (14 de noviembre); RAFAEL MUNGUÍA (1 de abril); OSMAN RODRIGO LÓPEZ (10 de abril); GABRIEL FINO NORIEGA (3 de julio)

<u>EN EL 2010</u>:

NICOLÁS ASFURA (7 de febrero); JOSEPH HERNÁNDEZ OCHOA (1 de marzo); DAVID MEZA MONTECINOS (11 de marzo); NAHUM PALACIOS (14 de marzo); BAYARDO

MAIRENA y MANUEL JUÁREZ (26 de marzo); LUIS ALONSO CHÉVEZ HERNANDEZ (11 de abril); JORGE ALBERTO "GEORGINO" ORELLANA (20 de abril); CARLOS HUMBERTO SALINAS (8 de mayo); LUIS ARTURO MONDRAGÓN (12 de junio); ISRAEL ZELAYA DÍAZ (24 de agosto); HENRY ORLANDO SUAZO (28 de diciembre).

EN EL 2011:

ERICK MARTÍNEZ ÁVILA (7 de mayo); HÉCTOR FRANCISCO MEDINA POLANCO (11 de mayo); LUIS RNESTO MENDOZA (19 de mayo); ADÁN BENÍTEZ (5 de julio); ADONIS FELIPE BUESO (8 de julio); NERY J. ORELLANA (16 de julio); MEDARDO FLORES (8 de septiembre); LUZ MARINA PAZ VILLALOBOS (6 de diciembre).

EN EL 2012:

ZAIRA FABIOLA ALMENDÁREZ BORJAS (1 de marzo); FAUSTO HERNÁNDEZ ARTEAGA o FAUSTO ELÍAS VALLE (11 de marzo); NOEL ALEXANDER VALLADARES (23 de abril); ANGEL ALFREDO VILLATORO RIVERA (15 de mayo); ADONIS FELIPE BUESO GUTIÉRREZ (8 de julio); JOSÉ NOEL CANALES (10 de agosto); JULIO CÉSAR CASALENO (28 de agosto); ANGEL EDGARDO LÓPEZ FIALLOS (11 de noviembre)

EN EL 2013:

CELÍN ORLANDO ACOSTA ZELAYA (1 de febrero); JOSÉ ALFREDO OSORTO B. (10 de febrero); ANÍBAL BARROW (secuestrado el 24 de junio; sepultado, el 11 de julio); JUAN CARLOS ARGEÑAL (empresario de TV, 8 de diciembre)

En 2014:

HERLYN IVÁN ESPINAL MARTÍNEZ (20 de julio); NERY FRANCISCO SOTO TORRES (14 de agosto); DAGOBERTO DIAZ (empresario, 23 de agosto); CARLOS HILARIO MEJIA ORELLANA (publicista, diciembre); REYNALDO PAZ (empresario de TV, 15 de diciembre)

EN EL 2015:

CARLOS FERNÁNDEZ (5 de febrero, en Roatán)

****

DEJARON DE EXISTIR POR DIVERSAS CAUSAS:

Guillermo Pagán Solórzano (1 de agosto, 2009)

EN EL 2010:

Francisco Medina Argeñal (15 de febrero)/ Elpidio Acosta Navarro (14 de mayo)/ Roy Villafranca (a principios de julio)/ Edgardo Dumas Rodríguez (29 de julio)/ Overton Witthaker Solomon (27 de agosto)/ Marco Tulio Garay C. (10 de septiembre)/ Guillermo "Willy" Bermúdez (en septiembre)

EN 2011:

Rodolfo Brevé Martínez (25 de febrero)/ Roberto Sosa (23 de mayo)

Dionisio "Nicho" Cuéllar (camarógrafo, 11 de junio)/ Ramón Villeda Bermúdez (20 de junio)/ Richard Pedraza Consuegra (30 de junio)/ José Noel Canales (10 de agosto)

EN 2012:

Guillermo Peña Zambrano (Billy Peña, 11 de marzo)/ Norman Serrano Miralda (15 de abril)/ Horacio Elvir Rojas (1 de septiembre)/ Jorge Talavera Sosa (3 de septiembre)/ Roberto Rodríguez hijo (accidente,15 de septiembre)/ Javier Rodas (camarógrafo, 15 de septiembre)/ Mario Cerrato (locutor, 6 de diciembre)/ Efraín Lisandro Gonzáles (7 de diciembre)/ Orlando Henríquez Girón (9 de diciembre)

EN 2013:

Roberto Nodarse (empresario de TV, 2 de diciembre)/ Antonio Ocampo Santos (12 de febrero)

Alma Luz Rodezno de Pagán (18 de febrero)/ José Leonardo Letona (25 de febrero)/ Aldo Calderón Van Dyke (16 de julio)/ Marco Antonio Mejía (mes de julio)/ Juan Bosco Campos (21 de agosto)

José de la R. Muñoz (9 de septiembre)/ Julio Arriola Oliva (versión sin confirmar, 27 de octubre)

Carlos Alberto Flores (13 de diciembre)/ Miguel Rafael Zavala Bonilla (20 de diciembre)/ Aníbal Delgado Fiallos (28 de diciembre)/ Rigoberto Espinal Irías (28 de diciembre)

En el 2014:

Jorge Figueroa Rush (17 de enero)/ Francisco Rodríguez Enamorado (14 de febrero/) José Trinidad Murillo (24 de febrero)/ Carlos Mejía Orellana (publicista, 11 de abril)/ Martín Baide Urmeneta (19 de abril)/ Oscar Acosta Zeledón (15 de julio)/ Rodolfo Murillo Santos (26 de agosto)

En el 2015

Matías Fúnez h. (10 de febrero)/ Rigoberto Paredes (9 de marzo)/ René Velásquez Amador (10 de marzo)/ Darío González (27 de marzo)/ Lisandro Quesada Bardales (7 de abril)

NOTA DEL AUTOR:

POR CUALQUIER INEXACTITUD, HAGAN EL FAVOR DE DISCULPAR NUESTROS APUNTES.

SE NOS FUE "CHIMINO" SORTO

El 16 de noviembre del 2006, se nos fue un paladín de las letras, y de la palabra sonora y grandilocuente. Ya estábamos finalizando las pruebas para sacar a luz nuestro primer libro, cuando reparamos en la noticia que la documentada columna "La Bitácora" (2 de diciembre/06), publicaba en La Tribuna. Sólo pudimos agregar entonces una pequeña referencia en una Posdata de su artículo "El jamo en la sinonimia de Olanchito". que aparece en la página 94 de Perfiles Catrachos,

Egresado del prestigioso Instituto Central de Varones como Maestro de Educación Primaria, **MAX SORTO BATRES** inició estudios en la facultad de Ciencias Jurídicas y Sociales de la Universidad Nacional Autónoma, que no pudo concluir por diversas causas, pero con el tiempo su perseverancia lo llevó a las aulas de la Escuela Superior del Profesorado "Francisco Morazán" (hoy Universidad Pedagógica) que lo capacitó aún más en la impartición de cátedras en su querido instituto "Francisco J. Mejía" y en otros centros de secundaria como el "Guillermo Moore" y "José Trinidad Cabañas" de su nunca bien ponderada Ciudad Cívica.

Contrajo matrimonio con la también maestra Elvia Murillo Escobar, hija del venerable pedagogo Francisco Murillo Soto, quien, siendo director del instituto "Francisco J. Mejía", se rodeó de jóvenes catedráticos como Sorto Batres, mi padre José Joaquín Mayorga Amador, Modesto Herrera Munguía, Ramón Durán Hernández, Alicia Ramos de Orellana, Ranulfo Rosales Urbina, Donaciano Reyes Posas y algunos egresados que se quedaron en Olanchito, mientras sus compañeros se trasladaban a continuar estudios en La Ceiba, o universitarios en la capital.

Precisamente, MAX fue uno de los entusiastas promotores de la nacionalmente conocida "Semana Cívica" septembrina y animador de otras causas sociales, entre cuyas prioridades estaba el periodismo. Fundó y sostuvo varios semanarios y radioperiódicos; fue de los primeros corresponsales de los diarios sampedranos, escribió artículos de opinión general y de sabor costumbrista que se caracterizaron por su sello personal.

El columnista de La Bitácora recordó pasajes importantes en la vida de "Chimino', cuando se reportó su desaparecimiento físico:

"El periodismo radial también recordará a Max Sorto Batres, especialmente por la forma singular de transmitir sus noticias para Radio América, con su amigo y colega maestro Santiago Saybe Mejía.

Ambos se identificaron en Radio América como "Los reporteros asociados", porque cubrían juntos varias notas de su zona. Algunas veces sólo transmitía uno de los dos, pero la despedida era igual: que habían informado "Los reporteros asociados Max Sorto Batres y Santiago Saybe Mejía". Ambos terminaron acuñando en el periodismo hondureño, sin querer y con una pizca de humor, la frase de "reporteros asociados".

Max Sorto también publicó, para las presentes y futuras generaciones, al menos tres libros de carácter biográfico, folklórico y literario, que deben ser editados para que los conozcan las generaciones de ayer, de hoy y mañana. Esas publicaciones son "Por la senda azul del gran poeta Céleo Murillo Soto", un ensayo sobre el novelista Ramón Amaya Amador y otro sobre el sacerdote jesuita estadounidense Guillermo Moore, quien llegó a Olanchito en 1947. El padre Moore, quien falleció a principios de los años 70, sigue siendo recordado en Olanchito porque fue el primer líder de la Iglesia Católica en la ciudad cívica. En su honor es que hay un colegio con su nombre.

La tierra ya abraza a un hijo de Olanchito que deberá ser obligatorio citarlo en los próximos libros sobre la historia de los buenos hombres y mujeres que ha tenido esa acogedora ciudad, donde tuvimos la oportunidad de conocer a Max hace muchos años, tomando café en una vieja mesa de madera, que no era un mueble cualquiera. Era la mesa en la que Ramón Amaya Amador escribió "Prisión Verde" y algunas otras de sus obras. Ojalá que la mesa aun esté conservada.

La mesa estaba en la casa del ya fallecido Lencho Cano, quien fue cuñado de Amaya Amador. Y la "culpable" de aquel encuentro con Max Sorto Batres y Lencho, fue Dilma Quesada, una mujer también orgullosa de Olanchito.

No olvidamos de aquel septiembre lejano que en cada frase de Lencho Cano y Sorto Batres, cuando recordaban las vivencias de Amaya Amador, sentíamos la sensación de que el espíritu del novelista nos cubría, y que por momentos compartía la mesa con nosotros.

¡Hasta siempre!".

MOSQUETEROS DEL AGUÁN

A estos distinguidos personajes los comparamos con los valientes protagonistas de la novela de Alejandro Dumas, porque sus valores han servido para enfrentar situaciones de la vida diaria, con coraje, con justicia y con amor al prójimo.

No particularizamos aquí sus virtudes individuales, sabiendo que en conjunto reúnen cualidades que son sinónimas de civismo, cultura y amistad. Ellos han demostrado ser dignos representativos de una comunidad en la que luchan denodadamente por el bienestar colectivo, sacrificando, si es necesario, su peculio familiar.

El capital que los respalda --más que monetario-- es de compasión, por haberle entregado sus vidas al pueblo de las orillas, sin desligarse del epicentro. Olanchito debe sentirse orgulloso de estos caballeros que, con la espada de la bondad y la misericordia, han hecho resplandecer su espíritu en favor de los desposeídos.

Estos *"mosqueteros"* son nuestros particulares amigos **Francisco Santos Ramírez (QEPD), Santiago Saybe Mejia (QDDG), Efraín Gómez Zelaya y Rafael Ramos Rivera.**

No haremos ninguna apología de cada uno por separado, porque sus obras hablan por sí mismas y las aplaude toda la comunidad. La gente humilde acude a cualquiera de ellos en busca de solución a sus problemas y, sin el poder político que otros ostentan, atienden lo que deben resolver o se movilizan hasta encontrar los paliativos que el prójimo necesita.

Paco se propuso una iniciativa que no tuvo parangón, pero que ha continuado su hijo. Puntualmente, cada año, se reunía con quienes han perdido la libertad, sin preguntar los motivos que los llevaron a la prisión; compartía con ellos una suculenta comida y un convivio que aun los hace sentir como los seres humanos de afuera. Su bolsillo nunca estuvo reacio para sufragar este convite que sigue siendo ejemplo de piedad y humanitarismo.

Santiago supo de la idiosincracia de su pueblo, siendo conocedor hasta lo más profundo de su historia porque también ejerció la cátedra colegial, y estuvo consciente todo el tiempo de sus necesidades y aspiraciones. Sus mejores herramientas fueron la objetividad y la imparcialidad conque mantuvo informados a los oyentes y televidentes. Su amada familia – profesora Maria Teresa y sus hijos—han continuado esos pasos para demostrar que no fueron en vano, ni sus gestiones quedaron a la deriva. Cada exposición de sus ideas encontró respuestas del conglomerado. Es decir, no ha aró en el mar.

Efraín es constantemente asediado, en la calle y en su hogar, por los enfermos y marginados, que encuentran su cálida sonrisa y su magnánimo corazón dispuestos a mitigar las dolencias de los pobres. Él sabe, por experiencia propia, de las limitaciones de aquellos hogares huérfanos de la presencia maternal, desde que perdió su progenitora al nacer y fue criado y educado --junto a sus hermanos Arturo, Alonso y Raúl-- por unas tías, afectuosas y tiernas. Un trato similar brinda con su esposa (profesora Olga Marconi de Gómez) y sus hijas (Rita, Ninoska y Lucita) a los empleados de su negocio de abarrotería, a quienes estimula con paseos y diálogos sustanciales.

Rafael se identifica con los desposeídos desde siempre. Su amplia personalidad lo llevó a la rectoría municipal, y cuando concluyó su jornada administrativa, siguió la trayectoria de los que reciben el saludo y la gratitud de los humildes y el respeto de los bienhabientes. Ha demostrado que en las alturas y en la llanura, los hombres son los mismos ante el bienestar y la adversidad. Un tanto separado de la política, no dudamos que si volviera a lanzarse al ruedo, tendría el respaldo del voto popular, pero considera que ya contribuyó con su cuota y que ahora se merece un reposo al margen de la burocracia.

Ninguno de estos mecenas ha sido prepotente, vanidoso o egoísta, a pesar de su reconocida solvencia. Carismáticos, queridos y admirados, han gozado del respeto de los ciudadanos en general, sin distingos de colores políticos. Nuestros personajes llegaron a la conclusión que el sectarismo desgasta y crea animadversiones, y es más fructífero practicar la fraternidad como tesoro inacabable de la humanidad.

Paco, Chaguito, Efraín y Rafael, han sido nuestros Porthos, Aramis, Athos y D'Artagnan, de carne y hueso, que sin emulaciones nos recuerdan hazañas de aquellos personajes del célebre escritor francés, inmersos en el rotundo eslogan de ***"Todos para uno, y uno para todos"***.

¡Que Dios siga bendiciendo —en la tierra y en el cielo-- las acciones de estos inspirados benefactores del Valle del Aguán!

POSDATA

PACO SANTOS, uno de los más populares personajes de Olanchito, falleció el 5 de julio del 2011 en Tegucigalpa, en medio de la consternación general. Su corazón reventó del puro amor que tenía para su pueblo y para su nación. El desaparecimiento físico de SAYBE MEJÍA, no solamente acongojó a su familia consanguínea, sino que a toda la Ciudad Civica que fue desde su nacimiento su familia permanente.

PURO BARRO OLANCHANO

Son leves los recuerdos que tenemos de su presencia física. La idealizamos en medio de una familia inmiscuida en los asuntos culturales, políticos y periodísticos; atendiendo una ajetreada imprenta a punto de cerrar, por el temor latente a unas autoridades cerriles y apasionadas de una época que desapareció con el advenimiento de la democracia.

La mirilla estaba concentrada en su esposo, el prominente abogado y escritor Adolfo Miralda, uno de los más sobresalientes políticos de la oposición, con un estilo directo en sus escritos, que no disimulaban su adherencia liberal. En ese entonces, éramos unos inocentes *chigüines,* muy lejos de entender esas cosas en que se enredan los adultos.

Doña FRANCISCA RAQUEL--más conocida como PACA-- ya era una figura reconocida en las letras nacionales. Tenía algunas afinidades con el escritor Ramón Amaya Amador a quien, le brindaron hospitalidad en La Ceiba, publicando el periódico *Costa Norte,* en el que tuvo participación el también periodista de Olanchito, Dionisio Romero Narváez.

La analogía es porque ambos, (Amaya Amador y Navas de Miralda) fueron protegidos del presidente de Guatemala, doctor Juan José Arévalo, cuando estuvieron exiliados en el vecino país, donde publicaron muchos artículos y parte de su mejor producción. La dama había escrito su enjundiosa novela *Barro* desde 1940, pero fue en la tierra de la eterna primavera donde logró llevarla a la editorial por las dificultades que tuvo en su propia tierra. Esta obra aborda la temática de los campeños en las fincas bananeras, igual que *Prisión Verde.*

Aimée Cárcamo, en un suplemento del diario El Heraldo (26 de noviembre del 2006) expone que *"Tanto en sus cuentos como en sus novelas, Paca Navas de Miralda fue una pionera en la denuncia sobre problemas como el de la subordinación de la mujer, o los roles que se supone son de preocupación femenina: la violencia doméstica, el incesto y la violación; y la problemática de la vejez y de los niños de la calle".*

En la misma relación se hace una retrospectiva a La Ceiba, en donde residió la mayor parte de su vida, después de contraer matrimonio y abandonar el hogar olanchano de sus padres, el doctor José María Navas y doña Francisca Gardela Navas. Por cierto, que después le siguió a la costa norte su hermano, el también fecundo escritor Alejandro Navas Gardela; y otros familiares llegaron a establecer honorables hogares en la ciudad-puerto.

Se cita en El Heraldo al periodista Filadelfo Suazo, cuando expresa que *"Mucho de su entorno familiar tuvo que sacrificar la escritora en su lucha por colocar a su amada Honduras en el mapa de la literatura latinoamericana y, al concluir sus escritos, tuvo aun que buscar el apoyo para publicar la obra que, después de muchos infructuosos intentos, vio la luz pública en Guatemala, en 1951".*

Sumados a la revista *La Voz de Atlántida* en 1935 y a *Barro,* publicó sus folklóricos *Ritmos criollos,* la novela *Mar de fondo* y sus poemarios *Campiña olanchana, Rutas de silencio* y *Cámara obscura,* que recuerdan el entusiasmo, la seriedad y el carácter, que les imprimió con *"los delicados ecos del divino cantar de la vida".*

HISTORIADOR DE LA CIUDAD

La Ceiba es una ciudad relativamente joven, cuya hermosura nació con sus primeras champas de manaca en medio del paisaje marino y las brisas que se conjugaban con las provenientes de su mejor vigilante, el Pico Bonito.

Describirla así es hasta poético. Y de esta manera es como la proyectamos los ceibeños dentro y fuera del país. Pero, en medio de esa alegre profusión de optimismo y alegría, hubo alguien que penetró más al fondo de las cavidades internas y nos reveló su verdadera historia.

Me refiero a **ANTONIO CANELAS DÍAZ,** cercanamente emparentado con políticos de altura que, en su tiempo, fueron gestores de la transformación parcial de la ciudad y le dieron lustre en el nacimiento de la centuria anterior, hasta encaminarla a lo que es hoy, una novia vestida con la pureza de sus amaneceres y con el manto azul de sus celajes caribeños. Quizá sin poder omitir las manchas que oscurecen sus virtudes conocidas de seguridad, hospitalidad y limpieza.

Canelas Díaz, estudió su secundaria y magisterio en el instituto 'Manuel Bonilla', como lo hicimos los mozalbetes de la mitad del siglo que bautizó a La Ceiba en la pila del auge bananero y la condujo –como bien lo señala él en su libro El Estrangulamiento Económico de La Ceiba, 1903—1965--, hasta ser un emporio del "oro verde", para después de esa fecha, levantar sus instalaciones y dejar al puerto a la mano de Dios, comparándola con esos niños que transitan, inesperadamente, del biberón a la pubertad, de la adolescencia a la juventud y de la mayoría de edad a la emancipación total.

En otras producciones editoriales, Antonio Canelas Díaz, rinde homenaje a su pueblo y a sus instituciones, recordando su fechas conmemorativas, con unción ciudadana *(La Ceiba, sus raíces y su historia, Centenario del departamento de Atlántida, Centenario de la Iglesia San Isidro, El movimiento obrero ceibeño, Instituciones educativas, aniversarios de la Cruz Roja y del Carnaval ceibeño, etc}.*

Durante una breve temporada como improvisado mentor, tuve la osadía de servir la cátedra de Filosofía a los muchachos que cursaban el último año de bachillerato, y ahí estaba Toño entre los inquietos aprendices de las teorías de Sócrates, Platón y Aristóteles, que yo repetía entre las experiencias como exalumno. Por las extremas temperaturas en el viejo edificio, pedí permiso al director para intercambiar preguntas y respuestas en uno de los quioscos del parquecito 'Manuel Bonilla'. Pero, desde entonces, debido a mis largas ausencias de Ceibita la Bella, no volvimos a encontrarnos con el grupo (Yolanda Gonzáles, Sergio Murillo Escobar, Jorge Alberto Gámez, Rafael Elvir, Mariano Vásquez, M. Ramón Navarro, Johnny Montoya, entre otros}, pero supe que Canelas estudiaba Derecho en la UNAH y después se había graduado como sociólogo en la Universidad de Río de Piedras, en Puerto Rico.

Al cabo de los años, coincidimos en las oficinas de La Prensa, en las inmediaciones del Estadio Ceibeño, y el responsable de la redacción, periodista Carlos Moya Posas, pidió a uno de los fotógrafos una instantánea que fue publicada en el semanario El Ceibeño. En 2014, tuve referencias indirectas que Canelas Díaz estaba en una Casa de Asilo. Y eso me causó extrañeza, por tratarse de un eminente hombre de letras con varios libros publicados, de un profesional de las Ciencias Jurídicas y Sociales y, sobre todo, de un hombre nacido en una familia de clase media que también ha hecho historia

No me consta personalmente, pero él es uno de los ciudadanos que se ha encargado de arroparnos con los abrigos de la historia, para que sus paisanos de ayer, de hoy y del futuro, no perezcamos por el frío del olvido, ni con el vacío de la ignorancia.

Cuando sintonicemos la radio, queremos volver a escuchar y nutrirnos con aquellas referencias ilustrativas de "La Ceiba, ayer y hoy", que a manera de diálogos dominicales con Abraham Mejía Griffin, nos transmitía su bagaje intelectual, obligándonos a ser más cuidadosos en el estudio de las raíces históricas ceibeñas, como si se tratase de las mismas poderosas gambas que sostenían la maravillosa estructura vegetal que sirvió de inspiración para que nuestra bella ciudad llevase el insigne nombre de **LA CEIBA.**

POSDATA

Redacto esta nota – que no llega siquiera a un perfil—al leer en las redes sociales que Canelas Díaz estuvo arribando a sus 73 años de vida el 29 de agosto del 2014. Y, al sumarme a las muchas congratulaciones, pienso simultáneamente que si este amigo ha optado por un aislamiento, será como un necesario reposo, como un refugio perentorio o como un paréntesis obligado, para meditar, para mejor elaborar vitales reflexiones o, quizá, para recrear nuevas vivencias en su próxima producción bibliográfica.

UN 'PATEPLUMAS' COSTEÑO

Sólo estaría quince días para llenar las vacaciones de un compañero de la Secretaría de Comunicaciones, Obras Públicas y Transporte (SECOPT) y luego se reintegraría a su habitual ocupación en la capital. Ignoraba mucho de su transitorio destino, pero había escuchado que era una ciudad alegre, cordial y hospitalaria.

Era 1965, cuando **JUAN JOSÉ SALAZAR FUNEZ** arribó a La Ceiba. Y allí se quedó; no por dos semanas, sino por cerca de cuarenta años, incorporándose como un vecino que, muy pronto, se consensuó de las actividades y problemas de la comunidad. Y adoptó a la ciudad, como si fuera la suya por nacimiento.

Cuando aun era niño, sufrió la más cruel de las experiencias. El ferrocarril, le cercenó una de sus extremidades inferiores, dejándolo baldado para toda la vida y sometido a una pierna artificial y a un bastón. No lo tomó como una calamidad, sino como una razón para inyectarse energías nuevas y para afrontar el futuro con otras facultades que antes no había descubierto.

Muy joven aprendió el oficio de telegrafista y anduvo de pueblo en pueblo, conociendo la idiosincracia de la gente de cada región. De ahí le nació la pasión por el periodismo, que le permitió hacer contactos con varios medios, como corresponsal y colaborador. Estudió cursos por correspondencia y se esmeró por adquirir mayores conocimientos.

Cuando decidió quedarse en La Ceiba, ya escribía para varios periódicos nacionales y del exterior, que le dieron reconocimientos desde Suiza, Brasil, Chile, Uruguay, México y los Estados Unidos.

En su nuevo domicilio, fue secretario del Primer Carnaval Nacional; de los clubes Vida y Atlántida; del Bloque de Prensa; de algunos Patronatos y de la Asociación de Minusválidos. Se afilió al

Colegio de Periodistas de Honduras (CPH); redactó los editoriales para Radio El Patio por más de veinte años consecutivos; asesoró al Sindicato de Trabajadores de la Standard Fruit Company (Sutrasfco) en sus relaciones con el periodismo local; recibió varios premios periodísticos y de otra índole, y pudo estabilizar su solitaria vida comunicándose con sus hijos y con el resto de su familia en Estados Unidos y en diversos lugares del país.

Con nosotros mantuvo una asídua correspondencia epistolar, enviándonos recortes de periódicos con noticias importantes y copias de sus artículos publicados. Y cuando nos encontrábamos en su diminuto apartamento que le suministraba la organización sindical a manera de canje por sus servicios, siempre estaba al frente de la máquina escribiendo para algún medio, gratuitamente, o redactando alguna nota que alguien necesitaba enviar y que no tenía cómo pagar en un escritorio público.

Generalmente contaba con visitas, con quienes armábamos la tertulia, tocando temas de múltiples sugestiones para componer un mundo lleno de complejidades, pero que deseábamos fuera más justo, equitativo y feliz.

JUAN JOSÉ había nacido en la cabecera departamental de Santa Bárbara el 23 de noviembre de 1927. Por mutua decisión con unos familiares, se había trasladado en el 2003 a Valle de Angeles, cerca de Tegucigalpa, donde falleció a mediados del 2006, sin que nos diéramos cuenta del día y el mes, hasta que unos sobrinos nuestros que tenían afinidades con él, (los hermanos Patricia, Soraya, Emilse, Kenia y Olman Alonzo Velásquez) nos comunicaron desde Italia, --donde residen ahora las primeras cuatro-- de su infausto deceso.

Después de haber elegido a La Ceiba para vivir por 38 años ininterrumpidos, poniendo corazón y talento a su servicio, esta ciudad está en deuda de gratitud con este periodista y escritor que tanto la llegó a amar.

GALLO, EN CUALQUIER PATIO

No hay necesidad de interpretar el título tan literalmente.

Sus retos y conquistas. Sus peleas y sus triunfos, han sido contra los obstáculos y valladares que se interpusieron en su vida, sin doblegarlo. Sus espuelas y navajas, son en realidad sus capacidades y talentos, puestos en evidencia donde le ha tocado desempeñar responsabilidades.

Nacido en La Ceiba, Atlántida, el 7 de abril de 1947, ALEJANDRO GALLO FUNEZ es de los costeños que fácilmente se adapta a otros ambientes y se gana la estimación y el respeto de los vecindarios donde le toque actuar. Eso sí, que nadie le critique al equipo de sus amores (Club Deportivo VIDA) por el cual sufre desvelos y es capaz de lanzar vocablos fuera del diccionario contra los denuestos que se lancen por sus posiciones en la tabla de la Liga Nacional.

Los únicos que ocupan lugares más preponderantes en el corazón de Gallo Funez, son su esposa María Elena Papp Sánchez, sus hijos, nietos y bisnietos. Cuando Doña Nena (elegante y bien parecida hondureña de origen húngaro), era una de las basquetbolistas más sobresalientes de la ciudad, Alejandro aprovechaba los resquicios del muro que los separaba, y desde Radio El Patio, la saludaba con canciones del recuerdo combinadas con poemas de amor y piropos bien elaborados.

¡Tuvo éxito en la conquista! El 29 de enero de 1969, la rubia y espigada joven estampaba su firma como inseparable compañera del popular locutor de bien timbrada voz.

Sin olvidar sus inquietudes radiofónicas, ALEJANDRO comenzó a laborar como ejecutivo de Dole Corporation, en Puerto Castilla y Puerto Cortés (Honduras); en Gulf Port (Louisiana, USA); en

Chinandega (Nicaragua) y Puerto Barrios (Guatemala), habiéndose preparado en administración agropecuaria y de empresas, realizando estudios en la Universidad Popular de Chinandega y a distancia, en la Universidad Nacional Autónoma de Honduras. Antes, obtuvo el titulo de Perito Mercantil en el instituto José Trinidad Cabañas, de Olanchito, en cuya ciudad llegó a ser regidor y secretario municipal.

Su recorrido por la radiodifusión nacional abarca La Voz de Atlántida, Radio El Patio, Radio Ceiba y Radio Caribe, en La Ceiba; La Voz de Centroamérica, Radio Norte, Radio Éxitos y Radio Metropolitana, en San Pedro Sula; Radio América, Radio Tic Tac y Unión Radio, en Tegucigalpa; Radio Lux, en Olanchito, y Radio Aguán, en Coyoles Central.

El Progreso, es la comunidad que lo ha conquistado por dos veces. La primera, de 1969 a 1972, cuando laboró como superintendente de las fincas bananeras, y después, desde el 2001 a la actualidad, como propietario de la agencia publcitaria "Publi Gallo", y voz oficial de Radio Perla.

Gallo Funez es muy querido y respetado en los lugares donde ha trabajado. Fue uno de los bastiones en la fundación de la liga de fútbol "Carlos E. Sánchez" y del estadio "Rafael Ruiz Leiva", así como de la construcción del instituto "San Martín de Porres", todos en Coyoles Central. Presidente de la Asociación Regional de Periodistas Deportivos (ARPED) capítulo ceibeño y poseedor de numerosos diplomas y medallas de reconocimiento.

Con Alejandro Gallo Funez nos identificamos plenamente, como antiguos vecinos del barrio en nuestra época escolar, como colegas de radio. Y por siempre, como seguidores del mismo equipo deportivo que, esperamos, no nos defaudará jamás, cuando sostengamos contra viento y marea que ¡"ESE VIDA JUEGA, PAPP"…!

DON "PANCO" CASTELLÓN

Aseguran que tenía una voz de tenor tan envidiable como la de Jorge Negrete, y que cuando cantaba retumbaban las paredes de su casa, y los vecinos dejaban sus quehaceres para escucharlo y aplaudirlo.

Lo conocimos mejor durante las *Mesas Redondas* que coordinábamos por la radio local, con invitados especiales los fines de semana; pero también lo tratamos en las tertulias y reuniones sociales donde su figura era respetada y apreciada. Su nombre: **JOSÉ P. CASTELLÓN,** más conocido en los círculos políticos y empresariales como *"Don Panco Castellón".*

Este caballero amable, servicial y campechano, nació en El Progreso, departamento de Yoro, el 8 de agosto de 1926. Fue en Batán, una finca de la compañía Tela Railroad, donde conoció a una bella ceibeña graduada como Maestra de Educación Primaria que le robó el corazón de inmediato y no se detuvo hasta pedirle su compañía para toda la vida. La joven profesora **Adilia Amalia Martínez Figueroa** y **don Panco** unieron sus vidas por los lazos matrimoniales el 15 de marzo de 1947. De ese hogar nacieron: José Tadeo, Florencia, Dina Magdalena y Jorge Alberto.

A fines de 1954, nuestro amigo Castellón se retiró de la transnacional y en el gobierno del Dr. Ramón Villeda Morales fungió como administrador de correos y jefe de la Guardia Civil. Pero esos cargos políticos siempre acarrean intrigas, envidias y zancadillas, como en efecto lo fue al producirse el "golpe de Estado" que perpetró Oswaldo López Arellano al régimen constitucional el 3 de octubre de 1963.

A raíz del suceso, **Panco** y un grupo de correligionaros fueron a dar a la cárcel por un tiempo. Entre ellos, Heriberto Lazo Bejarano, José Benigno Gonzáles Urbina, Mauricio Alemán Cálix, Miguel Angel

Lazo (Miguelón), Zoilo Anariba, Salvador y Rigoberto Delgado Magandi, estos dos últimos, hijos del respetable ciudadano don Marcos Delgado Díaz.

Después de esa ruptura del orden constitucional, la vida ya no fue la misma para los dirigentes y seguidores liberales, especialmente de Modesto Rodas Alvarado, cuyo Movimiento se forjó en la ciudad ribereña con Castellón y Jacobo Sánchez Escobar a la cabeza.

Panco Castellón salió al exilio y estuvo 16 meses en Nueva York, pero la nostalgia por su esposa, sus hijos y su pueblo, lo obligaron a regresar al terruño, dedicándose al comercio como representante de la Moda de París y, luego, en forma independiente. Su hija Dina, se había naturalizado en los Estados Unidos y poco a poco fue pidiendo a sus padres y al resto de la familia, estableciéndose definitivamente en Tampa, Florida. Allí lo encontró la muerte el 18 de agosto del 2006 (10 días después de cumplir ochenta años de edad).

Le sobreviven su viuda Adilia Amalia (con quien estuvo casado 59 años, 6 meses y 3 días) y la demás familia que, con el tiempo, se multiplica en los predios del "sueño americano".

POSDATA

Estas memorias de un gran hondureño, un ciudadano progreseño ejemplar y político de corazón firme, nos fueron referidas por su hijo mayor JOSÉ TADEO CASTELLÓN MARTÍNEZ, quien heredó el diminutivo de "Panco".

Castellón Martínez reside en Tampa, con su familia desde hace muchos años. Es uno de los compatriotas mejor informados de su país, y atento a las fluctuantes situaciones que se dan en la inolvidable Hibueras.

ALONDRA DEL RÍO ULÚA

Desde que asistía a la escuela parvularia 'Manuel M. García" y a la históricamente prestigiosa 'Visitación Padilla' donde hizo estudios primarios, su vocación revelaba aptitudes literarias.

Más tarde, al graduarse como maestra en la Escuela Normal de Señoritas en la capital de la república, **AÍDA LÓPEZ DE CASTILLO**, llegó a manifestar plenamente su amor por las letras, no sólo a enseñarlas, sino a saber utilizarlas en engarzados versos de sus poemas y en la configuración de hermosas canciones dedicadas a su pueblo natal.

Más de 40 años en las aulas después de egresar de la Normal, dedicó esta profesora a educar niños en la escuela 'Pedro P. Amaya', pasando por un largo servicio en el instituto departamental 'El Progreso' (del cual fue una de sus fundadoras en 1961), hasta lograr una especialización en la Escuela Superior del Profesorado 'Francisco Morazán' en la rama de las Ciencias Sociales.

Su misión no se detuvo allí. Posteriormente, fue colaboradora efectiva en el instituto 'Romulo E. Duron" (1977) y en la escuela bilingüe 'Luis Landa' (1979). En su trayectoria, combinó actividades culturales al afiliarse al Bloque de Prensa Progreseño, donde figuró en varias directivas y llegó a desempeñarse como jefe de redacción de la revista "Caminos Culturales", que fundó y dirigió el también maestro y literato, Eduardo Hernández Chévez.

Muchas veces nos encontramos en los Congresos periodísticos, acompañada de este escritor cholutecano que había fijado su residencia definitiva en El Progreso, así como con Daysi Victoria Vásquez, Manuel Díaz Palma, Tito Calderón, Ramón Ferrufino y otros progresenos destacados que formaban parte de las delegaciones.

Una de sus obras, *"Viajando en el Ferrocarril de los Recuerdos"*, fue escrita con el ánimo sincero de promover la fundación del Museo Ferroviario, una fuente inagotable para conocer la historia y funcionamiento de este servicio terrestre, que en el siglo pasado fue una vía de comunicación importante en la costa norte de Honduras.

Ese ideal la inspiró a grabar un disco compacto, con temas de índole folklórica y popular. La carátula lleva impreso el Escudo de la ciudad fundada en octubre de 1892, con la leyenda *"El Progreso, Mi Perla del Ulúa"*. El CD fue diseñado por su hijo, el licenciado Oswaldo Castillo --talentoso progreseño, dedicado a la cátedra universitaria y a la comunicación televisiva-- quien lo ilustró con una fotografía real de la máquina número 3254 que arrastraba aquellos largos convoyes de carga y pasajeros, que aun son recordados por generaciones recientes.

El disco en mención, contiene las siguientes expresiones musicales: *Mi Perla del Ulúa, Bulevar Canaán, Virgen de Las Mercedes, Al Río Ulúa, Mujer Ribereña, El Tren de Pasajeros, El Reloj del Parque, Los Progreseños, Cumbia El Progreso, El Progreso mi Bella ciudad*, interpretadas por un selecto grupo de artistas hondureños de la calidad de Nery Bautista, Q'ny Rafael Sandoval, Carlibeth Ortega y Marcos Chávez.

Estas contribuciones de la profesora y poetisa nacional **Aída López de Castillo,** son testimonio del gran amor y orgullo que guarda por su inseparable "Perla del Ulúa", como devolución al inmenso apoyo que ha recibido en todas las etapas de su existencia, de una tierra generosa, cálida y especial, que lleva un nombre muy acertado: **EL PROGRESO.**

La profesora **López de Castillo,** reside en su querida ciudad-musa, acompañada de su esposo, don Oswaldo Eloy Castillo Bulnes (un trujillano de distinguido abolengo), y de sus hijos José Rafael,

Pedro Alejandro y Oswaldo Eloy Jr. Hay suficientes motivos para que continúe produciendo poemas inéditos, al poder acariciar sus nietos José Rafael Jr., Susy Maritza, Oswaldo Eloy III, Juan Carlos y Carlos Oswaldo, los más grandes motivadores en una familia tan unida y respetada como es la Castillo López.

Doña Aída dejó las aulas como catedrática desde el 2004, pero no piensa en el retiro intelectual que le ha brindado tantas satisfacciones y pergaminos.

¡Su inspiración no se jubilará jamás!

SU CORAZÓN EN HONDURAS

Por espacio de cinco jubilosos años residimos en la cálida ciudad de El Progreso, departamento de Yoro. Y siempre que volvemos a la Patria, visitamos una y otra vez sus entornos, junto a los amigos que aun conservamos allí. Recorremos sus calles y repasamos mentalmente lo que décadas atrás dejamos con sentimiento para buscar otros parajes que, al final, se convirtieron en nuevas etapas de nuestras vidas.

Transitar por las rutas que otrora fueron las de nuestro trabajo y recibir la misma hospitalidad, es como no haber salido jamás. Viviendas que fueron de sus fundadores; edificios comerciales que no existían; centros educacionales que se agregaron a los kindergardens y que ahora culminan en universidades; medios de comunicación que se han multiplicado; paseos atiborrados de vecinos en amenas pláticas cotidianas.

Esa es la urbe que conocimos y a la misma que volvemos. A ella retornamos para hablar de su gente cordial, exquisita y emprendedora. Una de estas personas es doña **CRUZ ADRIANA**

PANCHAMÉ--KRUGER, a quien llegamos a tratar en Miami, Florida, cuando circunstancialmente nos tocó actuar como maestros de ceremonias durante una de las galas organizadas para su Fundación "Hijos y Amigos de El Progreso".

Lo que más nos impresionó desde esa ocasión, fue el espíritu noble, misericordioso y decididamente hondureñista de esta dama, al preocuparse desde su larga estancia en los Estados Unidos por sus paisanos más humildes y necesitados, como son los niños y los ancianos carentes de educación, de alimentos y de viviendas.

La agenda de esta Fundación es vasta y productiva. Sobre sus últimas actividades, ha dicho la periodista ceibeña de Miami, Margarita Moya Davadí, en un reportaje ilustrado, que *"Finalmente logró hacer su sueño de alimentación escolar en la escuela 'Edith Figueroa', sita en la Colonia Nuñez, de la aldea Agua Blanca Norte".* Luego hace notar la satisfacción que sintieron los promotores y la comunidad al ver a los niños llenos de alegría junto a sus padres.

"La aldea está ubicada en una de las áreas más pobres, con padres de familia que no tienen suficientes recursos para alimentar a sus hijos y enviarlos a estudiar. Con el proyecto, los menores tendrán el pan del saber y el alimento preciso para nutrir sus cuerpos y también sus mentes", textualiza el reportaje.

Además de la presidencia, la señora Panchamé-Kruger, tiene como secretaria a Dora Sequeiros; tesorera, Enma L. Botto, y completan su directiva esmerados progreseños que buscan padrinos para cerca de cinco decenas de niños internos en el Hogar Suyapa, con sólo una aportación mensual de diez dólares. En El Progreso, una junta especial de voluntarios, coordinados por el Dr. Enrique Gámez Panchamé, timonean las diversas gestiones y trabajos que, casi silenciosamente, se transforman en obras de beneficio para el prójimo que las necesita.

No pueden quedar al margen las actividades humanitarias y esa labor titánica –a veces incomprendida—de otras damas hondureñas como Rosmary Alonzo con su grupo de paisanos "Olanchanos Unidos" activando en beneficio de los lejanos compatriotas de su vasto y rico departamento; María Dolores Canizales, trabajando por las comunidades ceibeñas en varios frentes, tanto en Nueva Orleans, como en Honduras, mediante sus "Angeles de Amor"; Vilma Cabrera de Calhoun, dama incansable que mientras estuvo como cónsul honoraria en Baton Rouge, mantuvo una permanente vigilia por las comunidades del sur y oriente hondureño..Y no podemos omitir la humanitaria labor que el doctor Armando Quirantes (un médico cubano) ha realizado en beneficio del Hospital San Felipe y de otras instituciones hondureñas.

Personas de este temple, es a quienes se refería la Madre Teresa de Calcuta al reflexionar que *"A veces sentimos que lo que hacemos es tan sólo una gota en el mar. Pero el mar sería menos profundo, si le faltara esa gota".*

POSDATA

Emulando a esta dama, otras paisanas suyas han hecho renacer corazones en su hermosa ciudad, pero también en el exterior. Hace algún tiempo, nos dimos cuenta que en la ciudad de Miami existen los Progresenos Unidos desde aproximadamente el 2006 y la Fundación Honduras es Más, inspirados por esa dinámica excónsul, Lizette Hawit, quien junto a doña Adriana en la misma urbe, se reúnen anualmente en lugares distintos para calorizar actividades en ayuda de instituciones sociales, como el Asilo de Ancianos, Club Rotario, la Iglesia Católica y otras no menos humanitarias, que reciben los fondos de esa acción rotativa. En esa iniciativa están involucradas Miriam Rivera y Dora Chacón desde Nueva York, y Suyapa Pineda Soto, desde Nueva Orleans.

No puede extrañar la actitud de la señora Hawit, cuya salida del consulado miamense dejó estupefactos a muchos compatriotas por su experiencia adquirida en catorce años de labores continuas (cuatro como cónsul y diez como empleada). La intempestiva medida, sólo tuvo explicaciones del gobierno, pero nunca se conoció la versión oficial de la afectada. Después de lo acontecido, esta hondureña se ha rodeado de un fuerte grupo de connacionales y organiza galas de recaudación cuyos fondos son destinados, con toda garantía, a beneficiar a los conglomerados desposeídos mediante una organizacion sin fines de lucro, denominada Fundación Hondureña-Americana.

No se trata de un anuncio publicitario, pero si quieren conocer más sobre la señora Hawit, pueden buscarla en su popular restaurante "Achiote y Cilantro", (sita en 4707 NW 79th Ave. Doral, FL 33166), de Miami, Florida, donde podrán conversar con ella y deleitarse con el exquisito menú catracho que es especialidad de la casa.

"CHAMACO" DE VOZ GIGANTE

El equipo de trabajo que organizamos al hacernos cargo del departamento de prensa de una popular y potente emisora progreseña, allá por el lustro de 1970-75, es lo más uniforme y productivo del que puedo vanagloriarme en mi largo tiempo de experiencia en estos menesteres.

Uno de estos personajes que entregaron su capacidad, talento y visión al servicio de su trabajo, fue **OSCAR ALBERTO GIRÓN RIVERA.** Los otros --valga la emoción nombrarlos--, fueron Roberto Rodríguez Portillo, Rodimiro Ortez Rodas (QDDG), David Romero Murillo (QEPD), Guadalupe Guevara y Alfonso Anariva Cálix, en la redacción a la que se agregó un selecto grupo de colaboradores inteligentes y puntuales. La locución estaba a cargo de O.A. Girón, Roberto Mirón Martínez (QDDG), Roy

Arturo Maradiaga, Tomás Arturo Chi Medina y Carlos Balmore Rodríguez (QEPD), y en los controles René Morel, Israel Hernández, Francisco Benítez y José Zepeda; el reverendo Felipe Pick y Rigoberto Euceda, como expertos en las transmisiones a control remoto.

Este servidor aceptó la oferta de dirigir los cuatro servicios informativos diarios, una mesa redonda y un resumen dominical, imaginando que sería por una temporada breve, tal como lo veníamos acostumbrando en otras emisoras en las que tuvimos similares responsabilidades. Pero no. Fueron cinco años de fraternal compañerismo en los cuales nunca presumimos de jefatura alguna, sino de aprendizaje, contacto con el pueblo y cultivo de amistades, aprovechando las facilidades de innovación que nos ofreció a puertas abiertas la gerencia rectorada por otro Reverendo, Jerry E. Tolle (QEPD), de origen estadounidense, y a la vez Párroco de la Iglesia Las Mercedes.

Cuando me tocó asumir la dirección de prensa de esta emisora, en 1970, OSCAR ALBERTO ya incursionaba en las transmisiones deportivas como locutor comercial en las actividades de la Liga Seccional Progreseña, compartiendo micrófonos con Marco Antonio Andino, Fabio Gómez, Julio Medina y Carlos Balmore Rodríguez (Robalcar) quien se desplazaba desde La Lima. Al comenzar Radio Progreso a transmitir el campeonato de la Liga Nacional, el grupo incluyó a Roy Arturo Maradiaga como locutor comercial y el "Chamaco" hacía dúo en la narración con el polifacético, Tomás Chi Medina, teniendo a este autor como comentarista.

En esos días ingresó como locutor de noticias de "El Mundo en Marcha", producido y dirigido por Roberto Rodríguez del Portillo, y con el tiempo, las cuatro audiciones noticiosas de la emisora pasaron a ser "El Independiente", de las 6:30 a.m., 11:30 a.m., 6:00 p.m. y resumen de las 10:00 p.m., dirigidos por WMA y leídos correctamente por el selecto personal mencionado anteriormente.

"La Voz de un pueblo en marcha", dejó de transmitir fútbol en 1976, variando su programación, y entonces Girón Rivera tuvo la oportunidad de colaborar en Radio El Mundo, de San Pedro Sula, afinando sus conocimientos al lado de figuras como Tulio Leiva Mejía, Efraín Zúniga Chacón, José Antonio Peña Jerezano, Ricardo Adán Ortiz, Víctor Angel Fuentes y Oscar Echenique Bustillo. Ahí recibió su primer carnet como entrevistador en las graderías, para luego ser incorporado al staff oficial. Ese paso, recuerda, fue durante el juego internacional entre Real España (Honduras) y Bangú, de Brasil.

Nuevas inquietudes mueven a Oscar A. Girón a otras dimensiones. En 1977, llega a las reservas de "la X más deportiva", (Radio Éxitos) junto a Marco Antonio Pinto, Octavio J. Zepeda y otros de la gran cadena de la simpatía, comandados desde Tegucigalpa por el siempre bien informado y polémico, Diógenes Cruz García.

Cuenta El Chamaco que durante el juego por la Copa Intercontinental entre el Olimpia, de Honduras e Independiente, de Argentina, alternó conjuntamente con los experimentados capitalinos, Marco Tulio Lezama, Jimmy Arturo Rodríguez, Carlos Gris y Henry Marvin Cabrera, y con los sampedranos Yosi Rodríguez, Rafael Navarro y los desaparecidos Remberto Jordán Roca (boliviano) y Raúl Armando Licona, integrantes de Radio Centro, que tenía el lema: "¿Cuál es tu equipo favorito? Los campeones del circuito".

No obstante que todavía reside en su querida Perla del Ulúa, OAGR, ha viajado por muchos países en calidad de narrador deportivo. En 1974, fueron con Chi Medina a cubrir el Campeonato de Campeones de Centroamérica, a Costa Rica y Guatemala. Con la "N más grande", dice: *he viajado a describir acciones balompédicas en varias ciudades de Honduras, pero también a Guatemala, El Salvador, C. Rica, Belice, Monterrey (Mex), Ciudad de México, Washington, D.C. y Miami, en los Estados Unidos".*

Le ruego que no me deje con la curiosidad y que me cuente quién lo bautizó con el apelativo de "CHAMACO". Muy condescendiente, replica: *"Fue el profesor Carlos Balmore Rodríguez, compañero en deportes, quien pensó que siendo yo el más joven y el que tenía más 'poquito' cuerpo, era apropiado llamarme así...Y hasta hoy, transcurrido el tiempo, la gente me distingue más por ese mote que por mi nombre de pila".*

Oscar Alberto Girón Rivera, se desempeña –desde su fundación—como director de Radio Perla, en El Progreso, Yoro, y simultáneamente es responsable de los servicios informativos y de eventos especiales, pero sigue dando oportunidades a otros compañeros en los programas deportivos y en transmisiones a control remoto, recordando sus novicios comienzos y esparciendo cátedra como maestro experimentado de la palabra.

LAS ODISEAS DE AQUILES

Si por su nombre algunos supondrán que tiene debilidades reconocibles como las tuvo su tocayo de la historia por su talón, se equivocan de pies a cabeza. Siempre ha sido una persona segura de lo que hace y de lo que se propone hacer.

Nos conocimos en San Pedro Sula cuando ambos laborábamos para La Voz de Centroamérica, yo jefeando el departmento de prensa y él recién llegado de la capital de la república atendiendo una oferta del empresario Jorge J.Sikaffy, para formar parte del staff deportivo que rivalizaba con otras radio locales que se jactaban de tener narradores y comentaristas experimentados, como Efraín Zúniga Chacón, Tulio Leiva Mejía, Carlos Mario Herrera, Octavio José Zepeda y Francisco Flores Paz, estos dos últimos también procedentes de Tegucigalpa.

Sikaffy tenía buen tino para las contrataciones. Había traído desde Ecuador a Angel Isaac Chiriboga, de Guatemala a César Arnulfo Quezada y a renombrados elementos de otras emisoras nacionales. El joven venía con gran entusiasmo y poseído de una vocación natural. Prefería dejar estudios y una vida holgada, para someterse a pruebas desconocidas que estaba seguro de superar.

En poco tiempo, **GERMAN AQUILES CANALES** estaba demostrando sus talentos y ganando terreno en una zona donde el fútbol es como el pan de cada día, es decir, en otra parte de un territorio donde el deporte y la politica son como hermanos gemelos. Pronto lo escucharíamos al lado de Tito Handal, Marco Antonio Pinto, Rodimiro (El Metro) Padilla, Mario Humberto Morales, Armando Retes, Iván Ayala Cálix, Israel (Chacatay) Zelaya Díaz, desde el Estadio Morazán y otras plazas, intercambiando voces con Tomás Chi Medina, Rodrigo Wong Arévalo, Oscar (El Chamaco) Girón, Lázaro Gómez, José Antonio Peña Jerezano, Luis Alfonso Peña, etc.

Sin dejar de narrar y comentar, German Aquiles se introdujo en otros campos de la radiodifusión. En conciliábulo con José Manuel Enamorado y Mario H. Morales, lo tendríamos muy pronto en tertulias, lectura de noticias y animación de programas musicales, junto a Jesús Tábora del Pino, Antonio Corea, Julia Sosa, Julio César Paz, Salvador Cubas Mejía, Gustavo y Marco Antonio Mejía, siguiendo las señales de cabina de Julio (Yuyuga) Rodríguez, Medardo Muñoz, Nicolás Garay Enamorado y Archie Sánchez.

Este amigo y compañero debe recordar con claridad el cúmulo de sitios que entonces visitábamos para olvidar un rato las estrechas cabinas y la seriedad del oficio, transportándonos hasta los sombreados tamarindos, donde eran peculiares las exquisitas sopas de frijoles y chicharrón, después de la ingesta del lúpulo embotellado y los ásperos líquidos suavizados con gotas de limón.

Hace un cercano tiempo hemos vuelto a saludar a este virtuoso del micrófono, pero ahora no como parte de la clientela, sino como administrador de su propio negocio. Detrás del mostrador sigue ambientando con sabrosas anécdotas, discusiones sobre el deporte en general, o deslizando una que otra moneda en la caja de música (cuando no tiene un conjunto en vivo), mientras pregunta en cada mesa de su bar: "¿En qué podemos servirle?".

German Aquiles Canales mantiene latente su pasión por la radio. Quizá este sea el único talón que doblegó su vida, que lo mantiene ocupado hoy, y que lo hará resucitar mañana.

LLENA SU ARCA DE POESÍA

Diríamos, que su nombre fue inspirado en Cicerón, el orador que conmovió su época y ensanchó la historia. Y su apellido, basado en la nave sagrada que salvó del diluvio a los seres escogidos por Noé, acatando órdenes del Creador.

Por eso, en sus poemas habla siempre de viajes, del mar, de hechos y de espejos. Es el portalira que ausculta *"que hay un mundo herido en la mirada de los niños, y eso duele hasta en la carne de la herida. Cada quien lleva una luz para alumbrar sus noches"*. Y ama la poesía, porque *"su dios es mi propio Dios"*.

Así es la personalidad de **MARCO TULIO DEL ARCA.** Amante de la belleza, pensador, escritor y literato; de la generación clasificada por doña Helen Umaña, como vanguardista y del realismo social, en aquellos poetas nacidos entre 1924 y 1953.

Del Arca, nació en Olanchito, Yoro. Hizo estudios en la Escuela Nacional de Bellas Artes y se graduó en Letras de la Universidad Nacional Autónoma de Honduras. Se trasladó a San Pedro

Sula, donde laboró por cerca de cuatro décadas en las oficinas de Migración, que más tarde dirigió a nivel nor-occidental.

Sus publicaciones han aparecido en periódicos y revistas nacionales y del exterior, con traducciones al inglés, francés e italiano, por la chilena Maureen Robinson; por el teatrista y profesor Carrol E. Mace (de la Universidad Javeriana de Louisiana), y por el escritor y columnista Guillermo Arturo Peña Ferrera (Billy Peña).

Tiene en circulación sus libros *Bajo el sol de todos,/ Para que mamá no intente el viaje,/ Del mar y sus espejos,/ Como sol en la ventana y Hablemos de los hechos.* Inéditos, a la espera de salir a luz: *Dibujos para ilustrar un recuerdo,/ Nuevo álbum familiar/, De todas las frutas la mejor para los niños,/ Darse las manos,/ Poemas del Mississippi,/ Ciudad con nieve en el ojo izquierdo,/ Bajo la tierna luna,/ Abrir la luz,/ Torre del amor y En los muros del sueño.*

Ha sido declarado *Hijo Predilecto* de su ciudad natal y en San Pedro Sula como *Protagonista de la Sociedad Civil del siglo XX.* La sala de presentación de una institución religiosa, lleva su nombre; Nueva Orleans lo distinguió como *Ciudadano Honorario Internacional;* es premio *Orgullo Hondureño* de la agrupación *FEDHONY,* de Nueva York. Premio *Gente, Huésped de Honor, Ciudadano de Honor* son, entre otros, algunos reconocimientos recibidos.

Con esa cadena de éxitos que parece interminable, este ciudadano es también amigo de la verdad, la sencillez, la humildad y la modestia; no hay atuendos llamativos en su cuerpo, ni ostentación en su voz; camina solitario, pero comparte sonrisas y opiniones a su paso, sin el menor ápice de egolatría.

En el más reciente encuentro que sostuvimos mientras saboreábamos una rosquilla con café en San Pedro Sula, nos contó del interés de algunos paisanos suyos para inmiscuirlo en los vericuetos de la política. Quién sabe. Los intelectuales no están acostumbrados a la demagogia ni a la hipocrecía, aunque respiren capacidad hasta por los poros.

Igual piensan algunos amigos. Billy Peña escribió el artículo *"Hasta cuando respira"* (Tiempo, 25 de junio/2007), reconociendo su trayectoria poética. Y el licenciado Esequías Doblado Hernández, en el mismo diario del 26 del mes siguiente, refuerza aquellas alabanzas y advierte que *"Marco Tulio no tiene la picardía política que campea en estos lares. Es un hombre sin ninguna clase de sectarismos, sin la malicia que identifica a los politiqueros; es de los hombres que prefiere no bregar en esas lides, si ello le trae enemistades o crea incomodidades a otros".*

MARCO TULIO es suficientemente reflexivo, inteligente y estudioso, para tomar las resoluciones de hoy y del futuro, como lo ha hecho desde siempre..

POSDATA

No hacemos mención de todos los premios que ha recibido este talentoso amigo, porque los desconocemos. Pero la última prueba de la admiración que le tienen en su pueblo natal, fue el homenaje que le rindieron en Olanchito, con el valioso galardón "Ranulfo Rosales Urbina", *que recibió el sábado 12 de junio del 2010, con el cual los familiares de ese maestro, periodista, orador y político, honran cada año a los más sobresalientes personajes originarios de la "Ciudad Cívica".*

El poeta Del Arca incursionó en la política vernácula. En su pueblo natal lo mencionaron, en cierta ocasión, para una candidatura a la alcaldía. La última vez que nos cruzamos correos electrónicos (el 9 de febrero del 2013), nos participó que el nuevo partido político, Refundación y Libertad, lo tenía en sus nóminas a diputado por el departamento de Cortés para el periodo 2014—2018. No emitimos ningún juicio entonces, ni lo haremos ahora, porque tratándose de una personalidad dueña de su propio albedrío nadie tiene derecho a intervenir en sus decisiones, aunque ese terreno sea de arenas movedizas; más peligroso aún para quienes han sido bautizados para honrar las musas y no para las tradiciones políticas.

CON BRAVURA FELINA

Su primer amor en la infancia fue *"La Muñequita"*. El nombre era lo de menos, pero su sonido le arrebató el interés desde que se desplazaba por una calle vendiendo el pan casero que elaboraba su progenitora para el sustento cotidiano. Su padre había fallecido cuando él tenía nueve años.

"La Muñequita", era aquel instrumento musical con teclas de madera, cuya pasión siguió hurgándole el corazón y la mente hasta que, a los veinte años, se trasladó a San Pedro Sula, después de haberse preparado como sastre y de haber integrado el conjunto *"Internacional"*, cuyos conciertos se transmitían por las noches desde el salón El Patio, frente al parque ceibeño.

Y así es como vimos a **ALFONSO FLORES MOLINA** (nacido el 8 de octubre de 1928) al lado del gran músico salvadoreño Rodin Medina Castillo, amenizando con la marimba *Usula* las transmisiones diarias de HRP1, El Eco de Honduras. Después, con las orquestas *Regis, Nacional y Tropicana*, hasta coronar sus aspiraciones fundando primero El Combo de Fonchín y, luego, su propio conjunto: *Los Gatos Bravos*.

Para Fonchín, *"El mejor músico no es el que recibe los mejores elogios, sino el más profesional"*. Ese concepto lo mantiene en los deportes, al apoyar la causa del Club Deportivo España, quizá por aquello de que también es un catedrático en el ámbito musical, incluso impulsando a varios de sus hijos que han seguido su natural vocación.

Así como es de razonable con sus descendientes --Oscar Armando y Alina, de una relación anterior-- Alfonso Jr., Norman y Suyapa, de su matrimonio con doña Ana Luz, igual es con sus amistades y hasta con sus críticos.

Transitando por las ocho décadas, este campechano artista luce como en sus mejores tiempos: ágil en el caminar, conversador documentado, sonriente e inmensamente popular.

Allá por lo años noventa lo encontramos en Miami durante una de sus frecuentes visitas. Era un aniversario de la Independencia de los Estados Unidos y estaba actuando en el Bayfront Park. Entonces nos había demostrado que se mantenía activo, dinámico y jovial. Y era cierto, estaba tan rejuvenecido como cuando lo conocimos en La Ceiba aporreando teclas de madera hasta sacarles dulces melodías.

Más recientemente, nos dimos cuenta que había desintegrado sus queridos *"Gatos"*, después de 28 años de intensas actividades, grabaciones y giras.

Ahora, quizá para disimular un tanto el retiro y la nostalgia, se ha vuelto un asíduo parroquiano de las cafeterías sampedranas, donde va de mesa en mesa, con el saludo cordial para los amigos y participando en los temas con juiciosas opiniones. No por eso deja de ser un hombre que pone en práctica los conocimientos adquiridos en su niñez, preparando los platos que degusta con la familia en esas tertulias propias de los antiguos hogares hondureños.

Aunque el grupo musical desapareció de los escenarios, sus discos, casettes y Cds. siguen escuchándose por las emisoras y vendiéndose en las tiendas. Su hijo mayor, que lleva su mismo nombre, obtuvo una maestría musical en Los Angeles, California y ha fundado una escuela sobre esa especialidad, que se complementa con un estudio de grabación a donde acuden vocalistas, nacionales e internacionales, interesados en su proyección artística.

Fonchín Flores es el vivo ejemplo del talento que poseen muchos compatriotas, con un pasado de limitaciones económicas, pero con una vida plenamente realizada.

Las grabaciones de Los Gatos Bravos aún deleitan a los nostálgicos que vibran al compás de los boleros, poupurrís y sambunangos, cuyo entusiasmo no podrá olvidarse jamás.

CORAJE, DECISIÓN Y DISCIPLINA

Inspirado en el lema de los paracaidistas de Honduras y rememorando su permanencia en el Agrupamiento Táctico Especial y su preparación en la escuela militar "General Francisco Morazán", este hondureño se lanzó a la palestra de mil aventuras que lo traerían definitivamente a las tierras de George Washington, Andrew Jackson, Alexander Hamilton y otros heroicos militares de los Estados Unidos de América.

ANÍBAL ISMAEL MENDOZA, avizoraba una vida mejor para su madre y sus siete hermanos (cuatro hembras y tres varones) que quedaban en su país de origen, para poner sus pies por primera vez en Norteamérica a los 23 años de edad. No nos explica cómo, pero él ya traía su 'Green Card' o tarjeta de residencia, aunque lo poco que sabía de Inglés no era suficiente para desenvolverse en ese idioma. Era tanto su deseo de aprender el nuevo lenguaje, que una vez adquirió en un supermercado un libro de Inglés Básico y se propuso estudiar sus 300 páginas hasta que al cabo de seis meses, con ayuda auditiva y visual de los noticieros nacionales, llegó a sentirse capaz de escalar más allá las alturas del conocimiento.

Después de un intento fallido, se sometió a exámenes de admisión en la US Navy, pero finalmente fue admitido en la Escuela de

Reclutas para la Marina, con sede en Great Lakes, Illinois. Después de la escuela avanzada, su primer comando fue en el famoso USS Saratoga CV-60. A los seis meses, fue transferido al USS Iowa BB-61, donde tuvo que lidiar y convivir con tres mil marinos de diversas nacionalidades.

A los cuatro años, logró su primer ascenso a E-5 (cuyo significado desconoce este autor), alcanzando certificaciones en sistemas de navegación, propulsión, defensa, con estudio y más estudio, pero conociendo varios países como Alemania, Noruega, Italia, Francia, España, Marruecos, Inglaterra, Israel, Egipto, Cuba, Islas Vírgenes y lugares insólitos como las Pirámides egipcias, el muro de Jerusalem, la Torre Eiffel, el Castillo de Windsor, y hasta capitaneó el equipo de fútbol del barco que sostenía encuentros en cada lugar donde tenía escalas.

En una de sus visitas a La Florida, conoció a la joven villanovense, Georgina Madrid, (recién graduada en Administración de Empresas), con quien contrajo matrimonio, que al presente ha procreado felizmente tres hermosas doncellas, para quienes desea un futuro universitario.

Pero **Ismael Mendoza** es persistente. Otra vez en la vida civil, sin abandonar el área de la aviación, empezó en una bodega como empacador de partes de aviones hasta alcanzar la gerencia de control de calidad en varias compañías. Retornó al estudio y obtuvo una licencia como mecánico de aviación, un asociado en Aviation Management y una licenciatura en Aviation Technology, en Everglades University. Actualmente cursa una maestría en Aeronautical Aviation.

En todo este tiempo, Mendoza ha alternado trabajando en techos, construcción, limpieza de casas, corte de frutas, restaurantes, venta de filtros de agua, hasta en empresas donde el único hispano ha sido él. Ha entrenado a centenares de gente en materia de aviación, y acaba de finalizar un contrato que lo llevó a viajar por un gran número de Estados de la nación.

Desde que entablamos amistad con su cuñado, ingeniero agrónomo Miguel Madrid, y fuimos vecinos muy unidos en Samaris Lakes, Florida, ha prevalecido entre nosotros una familiar comunicación, y basado en esto nos confiesa, que su más inmediato propósito es estar mayor tiempo de calidad con su esposa e hijas, para poder disfrutar plenamente del sueño americano.

"Espero que estas revelaciones –amigo Mayorga—puedan inspirar a otros que vienen llegando o que todavía no han decidido qué hacer en este país de infinitas oportunidades".

ARRASTRANDO LEJANÍAS

"Señor: concédanos SERENIDAD, para aceptar las cosas que no podemos cambiar; VALOR, para cambiar las que podamos; y SABIDURIA, para conocer la diferencia y para dicernir entre el bien y el mal".

Basados en esta Oración, los Alcohólicos Anónimos (AA) del mundo han logrado establecer un maravilloso programa que ha rescatado a millones de vidas, antes al borde de la enfermedad, de la prisión y de la muerte.

Nuestro amigo y colega, **RAÚL LANZA VALERIANO** dio muchas veces testimonio --público y privado-- de los alcances de esta organización universal. Y jamás se cansó de dar gracias a Dios por haber ingresado a esa Agrupación, por su retiro definitivo (más de cuatro décadas) de una trayectoria disipada, y por haberlo hecho en el tiempo justo para recuperar largos años de existencia que no estaban en su calendario.

Ese valor agregado, (como lo hemos recibido nosotros) le sirvió para aprovechar oportunidades que lo elevaron a estratos culturales y sociales de alturas inesperadas. Se ubicó en la consideración pública y, fundamentalmente, en la primera línea del periodismo nacional.

Por 57 años se dedicó al ejercicio de la prensa, escribiendo para los diarios ya existentes y para los contemporáneos; para noticieros radiales y televisivos, y para su revista *"Hibueras"* que editó desde 1970, en estrecha colaboración con sus hijos Juanita (QDDG) y Raúl Jr., con abnegación y sacrificios. Así mismo, prestó sus servicios en la Secretaría de Prensa de varios gobiernos liberales, y como relacionador público de la Empresa Nacional de Energía Eléctrica y del Tribunal Nacional de Elecciones.

RAUL, quien fue uno de los entusiastas fundadores del Bloque de Prensa Capitalino, era un furibundo defensor de esos grupos de escritores y periodistas departamentales; pero cuando desaparecieron, se entregó de lleno a la causa de la Asociación de Prensa Hondureña (APH) que presidió durante dos periodos.

Con frecuencia nos reuníamos a divagar sobre varios asuntos de la problemática nativa, junto a *Antonio Aguilar Rosa, Filadelfo Sorto Sandoval, los hermanos Pineda Green (Antonio y Sigfrido), Edmar C. Viana, Reynaldo Narváez Rosales y Noé Pineda Portillo,* donde doña Natalia de Mazier o la profesora Leonor Ordóñez; o en las oficinas de Mario Hernán Ramírez, con Julio César Rosa, Martín Baide Urmeneta y Fredy Cuevas Bustillo, que se estrenaban en el reporterismo capitalino, y con otros colegas de nuevas y de otras menos nuevas generaciones.

Sobre la muerte de Lanza Valeriano se refirió poco después (El Heraldo, 26 de noviembre/2006) el licenciado Faustino Ordóñez Baca, en los siguientes conceptos: *"Era un hombre humilde, estudioso, honrado, de pensamiento progresista y preocupado porque las nuevas generaciones conocieran la historia de la Capital de la República, donde creció y vivió siempre".*

El 2 de diciembre, otro periodista egresado de la Universidad, Armando Cerrato Cortés, escribía en La Tribuna: *"Consistente en sus convicciones, se cuidó mucho de emplear su ideología política con las cosas gremiales y personales; no se aprovechó jamás de sus innumerables contactos para beneficio propio, pero fue capaz de poner la cara por un amigo, en la mayoría de los casos, sin que el favorecido con sus gestiones se enterase de dónde le llovía el beneficio".*

Nosotros lo recordaremos por su amistad sagrada que nos ató en el tiempo y en nuestras vidas. Y, a no ser por un mensaje cibernético que nos envió su nieta Pavlowa Streber y que leímos demorado, no hubiésemos tenido la noticia de su fallecimiento.

Con **RAUL LANZA VALERIANO** se pierden aquellas crónicas sabrosas, que él seguramente guardaba para la posteridad con amoroso cuidado, porque ya tiempos venía por esos caminos del recuerdo "ARRASTRANDO LEJANÍAS".

POSDATA

La penúltima vez que nos entrevistamos fue en Deltona, Florida, donde vivían dos de sus hijas (Claudia y Carolina) y nosotros pernoctábamos con una de las nuestras (Miriam Mayorga Cauley, su esposo Tom y sus hijos Tommy, Richard, Krystal y Justin). Fue exactamente el 25 de enero del 2003; ahí nos dio voces de aliento para que publicáramos nuesro primer libro que, una vez hecho realidad, fuimos a entregar a sus deudos en su querido Barrio San Pablo, de la capital de Honduras. Nuestra despedida personal tuvo lugar antes de su inesperada muerte, cuando hicimos remembranzas que nos hicieron volver al pasado irrepetible en el Tegucigalpa de sus más caros amores.

ARRASTRANDO LEJANIAS, era el titulo de una columna semanal que Lanza Valeriano publicó por mucho tiempo en Diario La Tribuna.

MENSAJERO DEL AIRE

Lo conocimos trajinando en unos estudios que, por aquel entonces, eran el paraíso con que soñaban los hombres y mujeres de la radiodifusión hondureña que pretendían graduarse como académicos del micrófono.

Desde la amplia casona del Barrio Abajo de Tegucigalpa, frente al instituto María Auxiliadora, dispuso matricularse en la Facultad de Derecho de nuestra Universidad Nacional para ejercer simultáneamente las vocaciones que le inculcó la bravía tierra olanchana. Había concluido los estudios secundarios (que inició en el instituto La Fraternidad de su añorada Juticalpa), en el Instituto Normal Central de Varones de la capital.

Y con estos sencillos antecedentes, **RODOLFO BLAS BREVÉ MARTÍNEZ** llega a ser en poco tiempo uno de los primeros locutores de Honduras, cuando se somete a un concurso en 1942 y con el malogrado Rigoberto Cuéllar Cerrato llegan a las cabinas de HRN a dominar el territorio que después les confirió el título como decanos de la radiofonía nacional.

BREVÉ MARTÍNEZ fue fundador en 1945 del "Mensajero del Aire". Más tarde, de 1950 a 1981, lo dirigió como propietario, y el 3 de julio de 1953, fundó "Diario Matutino" que, posteriormente, dirigieron Gustavo Acosta Mejía, Antonio Mazariegos Velasco, Nahum Valladares, Jorge Figueroa Rush, José Francisco Morales Cálix, Evelio Márquez Paz, Herman Allan Padget y otros valiosos elementos de las ondas etéreas.

A mediados de los años sesenta, se desempeñó como corresponsal de la Radio Internacional de Nueva York. Fue animador de eventos especiales, incluyendo transmisiones del mando presidencial y del Congreso Nacional, de diversos actos gubernamentales, políticos y sociales; describió sorteos; narró, produjo, dirigió y actuó en dramatizaciones, y animó concursos y desfiles artísticos.

Antes de domiciliarse en Tegucigalpa, probó suerte como compaginador e impresor del semanario "Juticalpa". Fue corresponsal del Diario Comercial que se editaba en San Pedro Sula; cronista parlamentario de los diarios El Pueblo, El Día y El Cronista; redactor de los periódicos Nuestro Criterio, El Tiempo y Sucesos.

En el último año del gobierno del Dr. Ramón Villeda Morales, fungió como jefe de redacción del diario liberal El Pueblo, y de 1976 a 1982, fue oficial de información del recién fundado diario La Tribuna. En materia televisiva, durante 15 años codirigió el programa "Consultorio General" por Canal 5 y locutó los sorteos de la Liga Hondureña contra la Tuberculosis, de la cual fue fundador.

En 1938, había sido escribiente de la Alcaldía de Juticalpa, y escribiente y receptor del Juzgado Primero de Letras de lo Criminal de la capital; asesor jurídico del ministerio de Salud en 1960 y diputado suplente electo (1965-1971) sin ser incorporado.

El licenciado BREVÉ, ayudó en la fundación de varios clubes deportivos (El Titán, de Juticalpa, y el Montecarlo, de Comayagüela, entre otros). Ocupó una vocalía en la Asociación de Prensa Hondureña, y en 1951 fundó y presidió la Unión Nacional de Locutores. Fue secretario del Consejo Central Ejecutivo del Partido Libral, de 1958-60.

Desde 1952, cuando se fundó la Asociación Interamericana de Locutores (AIL), asistió como delegado a distintos congresos en México, Cuba, República Dominicana y Guatemala.

Interminable es la lista de reconocimientos conferidos a este distinguido ciudadano de las pampas olanchanas. Locutor, abogado, periodista y político. Premio "Alejandro Castro" de la APH en 1956. Medalla de plata "Honor al Mérito" en el XXX aniversario de HRN, en1963. Honor al Mérito "Rafael Ferrari" del Concejo del Distrito Central. Decano de locutores de HRN en su 40º. Aniversario. Hoja de Laurel de Oro "Biblioteca Nacional". Gran Veterano de HRN en sus Bodas de Oro.

Sin duda alguna, sus más grandes preseas en la exitosa vida que el Creador le brindara, fueron sus padres Daniel Brevé y Cruz Martínez de Brevé; su esposa, la educadora Alicia Muñoz, con quien contrajo nupcias en 1948; sus hijos Rodolfo Jr., Marion Yvonne y Alicia Roxana, quienes le prodigaron nueve cariñosos nietos.

A instancias del periodista e íntimo amigo suyo y nuestro, Mario Hernán Ramírez, visitamos a este veterano de mil batallas en su casa de habitación para saludarlo, previa cita telefónica. Estábamos comenzando la segunda quincena de abril del 2009 y él esperaba cinco meses más para arribar a sus 90 septiembres. Lo encontramos totalmente lúcido, bromeando con su estilo campechano, abundando en detalles, ópimo en consejos, diáfano en la conversación y transparente en la amistad que nos deparó desde los años sesenta.

Habíamos concertado unos minutos y nos quedamos casi por dos horas. El tiempo del abrazo se convirtió en la cátedra del maestro de la voz dulce, quien fue ejemplo e ícono, y será un perenne "MENSAJERO DEL AIRE".

POSDATA

Este caballero del micrófono partió hacia la eternidad el 25 de febrero del 2011. Cargaba en sus espaldas nueve décadas de existencia y en su carcaj profesional toda una vida dedicada al periodismo radial y escrito. Maestro de varias generaciones en el dominio de la palabra hablada y pionero de la radiodifusión nacional, invocaba la mejor suerte para una Patria que vio muchas veces dividida, pero que esperaba glorificada en el futuro.

SU ALTEZA, MAGDA ARGENTINA

Aunque los médicos le habían dado un plazo de vida hasta el 2006, ella se resistía hasta el último instante, porque no deseaba morir en tiempo previsto por los seres humanos. Todavía estaba joven cuando su espíritu voló hacia las mansiones infinitas. Tenía 63 años, pero en ella el tiempo se estrellaba --como esas olas del mar en empinados farallones-- con un temperamento de eterna sonrisa, juvenil presencia, un hermoso físico y una expresión jovial.

En plena actividad, disimulando un sufrimiento que le carcomía el cuerpo y el alma, se nos fue MAGDA ARGENTINA ERAZO GALO, en el momento en que su esposo y sus dos hijos, Karyna Isabel y Eduardo David Martínez Erazo, mantenían la esperanza de seguirla viendo y mimándola en un presente feliz y en un prolongado futuro.

La recordamos siempre efusiva, desde aquella noche en que fue investida como Reina de la Asociación de Periodistas y Escritores Nacionales, representando al Bloque de Prensa de Tegucigalpa y compitiendo con otras bellezas de la república.

Dondequiera que asumió responsabilidades, estuvo presta a resolver diligencias del oficio. Su pasión era el periodismo. Hay evidencias de la época en que, con una pesada grabadora portátil, se aparecía en las dependencias gubernamentales en busca de entrevistas con los funcionarios; o en la calle, para recabar la opinión del público. Fue una de las pioneras del reporterismo radiofónico.

Una de sus más caras aspiraciones fue llegar a presidir el Colegio de Periodistas de Honduras, pero dirigió la Asociación de Prensa Hondureña, desde donde emanó gestiones que se convirtieron en positivas realidades para sus agremiados.

Siempre hemos sostenido, que la antesala de la Escuela de Periodismo adscrita a la Universidad Nacional Autónoma de Honduras, fue el curso de tres años que sirvió en la Escuela Superior del Profesorado "Francisco Morazán", el prominente abogado y escritor, Eliseo Pérez Cadalso, bajo la iniciativa del Bloque de Prensa Capitalino que presidíamos desde su fundación, en 1961. Magda fue uno de los egresados, con Edda O. Rubí, Mariano Perdomo Vallecillo, Gustavo R. Rubí y Raúl Lanza Valeriano, también fallecidos. Les sobreviven, Héctor Guillermo Juárez, Edgardo Antonio Borjas y Alexis Ramírez.

Esta dama de los medios informativos era uno de los togados que se sintieron, o se sienten, muy a gusto en el campo periodístico. Y no son pocos: *Paulino y Alejandro Valladares, Julián López Pineda, Oscar A. Flores, Gerardo Alfredo Medrano,* entre los desaparecidos y otros conocidos que aun beligeran en esos territorios.

Con MAGDA ARGENTINA se marchó una dama de radiante alegría, de expresiva dulzura e inagotable talento. Es cierto, se extingue una luz intelectual, pero ha quedado brillando para siempre en el corazón de sus colegas y de la sociedad hondureña en general..

POSDATA

MAGDA ARGENTINA logró resistir todo el año 2006, pero el 31 de enero del 2007 voló en alas angelicales hacia estratos superiores, donde su presencia era reclamada para engalanar los predios celestiales.

ENAMORADO DE SU COMAYAGÜELA

Aunque desde hace algunos años reside en una colonia de Tegucigalpa, sus campañas, sus evocaciones, su entrañable amor por Comayagüela, sólo es comparable con esa devoción que le tenían a la ciudad gemela Terencio Z. Amador y Juan Ramón Molina.

Quizá por eso, **MARIO HERNÁN RAMÍREZ,** siempre saluda y se despide de sus amigos con el característico *¡Hola poeta, ¡Hasta luego, poeta!* Con esa expresión nos presentaron en 1961 en diario *El Pueblo*, y así nos despedimos en 1986, cuando fungía como director de información de la Secretaría de Cultura y Turismo, cargo digno de un profesional talentoso como él, con respeto y caballerosidad.

Nació el 5 de mayo de 1934, y vivió allí cerca de la Escuela Nacional de Bellas Artes y de la Iglesia La Inmaculada Concepción, a inmediaciones del parque La Libertad, en esa segunda mitad de la Capital, que no ha podido recuperar el sueño de volver a ser otro Municipio del Distrito Central. Estudió la primaria en la escuela *Lempira* y su bachillerato y comercio en los institutos *Vicente Cáceres* y *Honduras*.

Se preparó en investigación policiaca en la Academia Interamericana de la Zona del Canal, en Panamá; y publicidad por correspondencia con el Centro de Cultura de San Sebastián, España; recibió cursos de periodismo y sindicalismo en varios seminarios capitalinos.

Se inició en radiodifusión en 1952, aprovechando que a unos cuantos pasos estaba Radio Comayagüela. Y ni corto ni perezoso, le pidió a don Humberto Andino Napky permiso para aprender y, luego, para trabajar en la emisora. Por esas cabinas desfilaron valores que después se convirtieron en personajes: Honorio Claros Fortín, Antonio Mazariegos Velasco, León Paredes Lardizábal, Gabriel García Ardón, Bernardo Cáceres López, Gilberto Díaz, Manuel

Palacios, Eduardo García Varela, don Arturo Sagastume, entre otros.

Esa fue la cuna de su treinteañero *"Mensajero informativo"*; pero su desdoblamiento al periodismo escrito vendría como redactor de los diarios *El Pueblo, El Cronista, Correo del Norte, La Prensa, El Heraldo* y *La Tribuna.* Fue relacionador público de varias instituciones gubernamentales, como el SANAA (Servicio Autónomo Nacional de Acueductos y Alcantarillados) y SOPTRAVI (Secretaría de Obras Públicas, Transporte y Vivienda), e incursionó en otras emisoras capitalinas, como *Radio Centro, HRN, Unión Radio,* y de la costa atlántica, como *Radio Norte* de San Pedro Sula.

En un amplio reportaje ilustrado, suscrito por el Lic. Carlos Arturo Matute en La Tribuna (5 de noviembre del 2006), lo describe con *"sus gruesas gafas, guayabera y zapatos blancos".* Nos consta, que ha gustado lucir elegante, pulcro y a tono con las actividades que desempeña. *"Sin embargo, su pluma, su bien timbrada y potente voz, es su riqueza. A través de ella, ha descrito tantos acontecimientos en diferentes medios del país",* define Matute.

Está registrado como miembro de diversas instituciones sociales y culturales, entre ellas, el Colegio de Periodistas de Honduras (CPH), Asociación de Prensa Hondureña (APH) de la cual fue presidente, Sindicato Radial Hondureño, Asociación Nacional de Empleados Públicos de Honduras, Federación Centroamericana de Periodistas, Instituto Morazánico, Instituto Hondureño de Cultura Hispánica, Comisión del Quinto Centenario del Descubrimiento de América y, nada menos, que como presidente del Comité Pro-Monumento a Juan Ramón Molina y del Instituto Morazánico.

Tiene en su haber literario las siguientes obras: *Por el mundo infantil, Biografías de liberales ilustres, Encuentro de dos mundos, Calendas (historias jamás contadas); Biografía del Dr. y Gral. Miguel*

Oquelí Bustillo, Historia de la radiodifusión en Honduras, Tres monumentos a Juan Ramón Molina, Navegando en el siglo, co-autor de la *Historia de la radiodifusión iberoamericana.* Ha formado parte como actor de cine en las películas *"En cuerpo extraño"* y *"El último secuestro".*

Mario Hernán, fue, desde su juventud, un elemento pensante y fielmente activo del Partido Liberal, en cuyo Consejo Central Ejecutivo se desempeñó como vocero oficial. Su condición de comunicador experimentado, la soltura de sus pensamientos, el eco de sus timbradas cuerdas vocales y la sinceridad de sus palabras, lo sitúan como uno de los más honestos e inclaudicables miembros de la comunicación social.

Hace un buen rato que no dialogamos con MHR. No obstante, nos parece (al ver sus fotografías) que su resentida salud, su otoñal edad y los avatares que lo han afligido y que ha superado junto a su esposa, doña Elsa y a sus hijos, no han sido suficientes piedras en el camino, para avanzar con éxito, en la vida que pudo enderezar orgullosamente a base de voluntad, entereza, equilibrio y de los ideales más nobles que pueden revestir a una persona de su reciedumbre.

La incansable vida de este amigo, nos recuerda al maestro Ralph Waldo Emerson, cuando aseguraba que *"No se puede alcanzar la grandeza, si no se tiene entusiasmo".*

A él le sobra.

POSDATA

En mayo del 2009, fuimos huéspedes por una semana de Mario Hernán y Elsa Ramírez, en su casa de la colonia San Angel, Tegucigalpa. Mientras estos queridos amigos daban prioridad a situaciones apuradas, la vista de Mario Hernán se iba reduciendo y sus gruesos lentes ya no cubrían las exigencias de la escritura ni la acostumbrada lectura.

Con grandes esfuerzos y sacrificios y la cooperación de familiares y algunas amistades, el periodista pudo trasladarse a Miami en ese mismo año, a instancias de sus hijas, Gabriela y Olguita. El 6 de octubre del mismo año, regresaba a su hogar en Honduras, restablecido de una delicada cirugía ocular que ha tenido resultados parciales, pero no definitivos.

El 11 de junio del 2010, en el salón de conferencias del Banco Centroamericano de Integración Económica (BCIE), presentaba su monumental libro "Gargantas de oro. Locutores de Honduras", *contentivo de más de 600 páginas y numerosas fotografías, cuyo prólogo tuvimos la enorme honra de escribir. A la venta por las redes sociales se encuentran su libro* Calendas *y otros de interés social y literario, que esperan llegar a las manos de los lectores en uno u otro momento. En el curso de 2014, su esposa Elsa nos daba la emotiva noticia de su graduación como Licenciada en Ciencias de la Información que rubricó orgullosamente después de intensos y sacrificados periodos de estudio, dedicación y esfuerzos.*

PERIODISTA DESDE SIEMPRE

Cada vez que regresábamos de cubrir nuestras fuentes noticiosas, encontrábamos ocupada una de las máquinas de escribir. Y no era ningún otro compañero, ni nadie de la oficina. Venía la explicación: *"Disculpen. Es que no había nadie y necesitaba terminar una tarea del colegio, pero también practicar mi mecanografía y adelantar los sueños de llegar a ser otro reportero en el futuro".*

El intruso era un jovencito de apenas quince años, pariente cercano de uno de nuestros colegas, y muy pronto, revelación juvenil del periodismo de la época.

De esta manera fuimos conociendo a **SIGFRIDO PINEDA GREEN,** cuyo hermano -- Antonio-- era uno de los tres reporteros de diario El Pueblo, en 1961. Los otros éramos Edmar Cuahtemoc Viana, procedente de Puerto Cortés, y este servidor, de La Ceiba.

A veces lo reprendíamos por hacernos esperar, y en otras, nos admirábamos de su redacción cuando nos mostraba el texto por el simple prurito de ensayar lo que más tarde lo convertiría en uno de los serios columnistas del periodismo nacional.

Nadie pensó en esos momentos que Sigfrido sería, cuatro años después, nuestro recomendado para ocupar la coordinación en la capital de un nuevo rotativo, cuya jefatura asumíamos en San Pedro Sula.

Con el tiempo, nuestra relación con la familia Pineda Green se volvió estrecha y fraterna. Hubo varios periodos que conviví con ellos, y su madre, doña Graciela, acostumbrada a controlar diez hijos, no extrañó agregar uno más: a mi, que había nacido en la costa opuesta, muy lejos de su querido Nacaome, Valle. Así conocimos a sus demás hermanos: Hugo, Olga, Ada, Norma, Ruth (QDDG), Pacita, Suyapa y Lourdes (hoy residiendo en Venezuela).

Después que nos alejamos del periódico sampedrano, hubo otros encuentros circunstanciales e inesperados. Casi al final de la década de los sesenta, Sigfrido, Julián López Muñoz y yo, emprendimos ua aventura que nos dejó muchas satisfacciones, pero también quebraderos de cabeza. Como jóvenes soñadores e ilusos, fundamos el semanario El Siglo, impreso en los talleres de la litografía Calderón, sin más auspicios que los escasos fondos disponibles en nuestros paupérrimos bolsillos y sin tomar en cuenta que los fuertes anunciantes se inclinaban a favorecer a los diarios, emisoras y nacientes televisoras.

Nuestro calamitoso idealismo era casi el mismo que experimentaban otros editores de la prensa chica, como Tito Aplícano Mendieta (Semáforo); Raúl Barnica López (Impacto); Herman Allan Padget (El Travieso), los tres en la capital. Los periodistas regionales se las habían arreglado para sobrevivir por largo tiempo, en ciudades como La Ceiba, donde Amílcar Cruz Garín, Angel Moya Posas, Rodolfo Zavala Davadí y Carlos M. Ramírez, difundían sus noticias y opiniones. Igual ocurría a Ranulfo Rosales Urbina, Carlos Urcina Ramos y Max Sorto Batres, en Olanchito; a Manuel Funez y Pedro Xatruch, en Tela; Tito Calderón, en El Progreso; Gustavo Carbajal Castro, en Puerto Cortés; Martin Baide Galindo, Ramón Rosa Galeano Munguía, Pedro Escoto López y Humberto Rivera Morillo, en San Pedro Sula; Mario Bardales Meza, en Comayagua, y Jesús Rosales, en El Paraíso.

En 1974, estudiando Pineda Green en Costa Rica, coincidimos en Madrid, España, como acreedores de la beca que otorgaba en aquel entonces el prestigioso Instituto de Cultura Hispánica, para periodistas de Latinoamérica y del Caribe. Alquilábamos en el mismo hostal, y juntos hacíamos el recorrido en el metro capitalino al edificio donde se impartía el curso.

Después de graduarse en Sociología, fue contratado para sostener su cátedra en la que hoy es la Universidad del Valle de Sula, anteriormente Centro Universitario Regional del Norte (CURN). Fundamos el radioperiódico Mundo Noticias, cuyo espacio nos cedió gentilmente el empresario Federico Batistello, en su nunca bien ponderada Radio El Mundo.

En 1995, nos encontramos coincidencialmente en Honduras —aunque ambos residíamos en los Estados Unidos—y nos tocó hacer reportajes en Islas de la Bahía para su periódico Enlace (después El Sol de California), que se leía en las dos naciones con temática binacional. En esos ejercicios andábamos, cuando el nuevo presidente de la república, doctor Carlos Roberto Reina, llamó a Sigfrido y lo nombró Secretario de Prensa, con rango de ministro. Al no encontrar soluciones inmediatas para la continuidad de su mensuario, nos encomendó su dirección que sólo pudimos atender temporalmente, obligados a regresar a nuestro domicilio permanente.

Aunque disponemos del Curriculum Vitae de Pineda Green, haremos caso omiso de tan brillante trayectoria, porque conocemos a cabalidad sus comienzos difíciles en una familia numerosa, su papel de joven responsable que asumió deberes propios de un adulto, sus cargos de alta investidura, el cumplimiento de obligaciones filiales y paternales, la conducta rectilínea en su vida personal y profesional, la seriedad conque asumió su formación empresarial, y sobre todo, el discernimiento que ha tenido y el rol de ciudadano responsable en los campos de la política, la prensa y el civismo.

Si este fuera un panegírico para definir la materia, el espíritu y la personalidad de un amigo, nos quedaríamos estáticos ante tamaño compromiso.

¡Él, se recomienda por sí mismo!

PAGÁN SOLÓRZANO CON SELLO PROPIO

Otro compañero de la generación de los años sesenta, ha pedido su baja en las filas del periodismo hondureño que, en su momento, organizaba tertulias en medio de los avatares y trabajos mal remunerados. Y, a pesar de todo, recorrían las calles y visitaban sus fuentes informativas con los rostros felices de cumplir con una labor gozosa para ver su material convertido después en letras de molde o en noticias transmitidas al aire. No se conocían las polarizaciones ni el egoísmo.

Eran los encuentros reporteriles de la muchachada de los diarios El Cronista, El Dia, El Pueblo, El Nacional, Correo del Norte; HRN, Radio América, Radio Comayagüela, y los recién estrenados canales 11 y 5 de televisión. Nuestro referente ya destacaba como gremialista de la Federación Auténtica Sindical (FASH), que trascendía hasta los organismos interamericanos de prensa.

Para **GUILLERMO PAGÁN SOLÓRZANO,** el periodismo era una pasión cotidiana que, como actividad gregaria, estaba destinada a la causa sindical más que a colegiaturas o asociaciones. La idea no era todavía bienvenida en las empresas propietarias de los medios, pero él soñaba y luchaba porque fuera en el futuro inmediato. En la actualidad, no cuaja aún al cien por ciento.

Conocimos a Guillermo cuando, en los altos de La Urbana, en la calle peatonal, la Fash concedió permiso al Bloque de Prensa (que habíamos fundado recientemente, en 1961) para sesionar los sábados. A veces, desde las reuniones, nos invitaba a su modesto apartamento en Comayagüela, a departir sobre tópicos diversos. Alma Luz Rodezno (su media naranja), estaba recién egresada de la Escuela de Peiodismo de la UNAH, y con ella complementaba la experiencia, la teoría y la práctica. Y, por supuesto, el cariño de su unión.

Guillermo, como es del conocimiento público, laboró en los principales periódicos escritos y hablados de la época, y para algunas oficinas gubernamentales, dedicándole más de dos décadas a las relaciones públicas de las Fuerzas Armadas. Fue miembro fundador del Colegio de Periodistas de Honduras y su vicepresidente. Promocionó las Escuelas Radiofónicas. Fundó y presidió el Sindicato de Trabajadores de la Industria de la Prensa. Presidió la Asociación de Prensa Hondureña. Se afilió al Partido Demócrata Cristiano de Honduras. Fue columnista de diario La Tribuna, entre otras membresías y actividades diversas.

El sábado 1 de agosto del 2009, Pagán Solórzano falleció a los sesenta y ocho años de edad, dejando una trayectoria de luminosos sueños, esperanzas y aciertos, que no podrán empalidecer el tiempo ni las eternas mezquindades del ambiente. Nos queda vigente su imagen de amigo y colega, sin deterioro alguno.

La Madre Tierra le rinde tributo a sus restos mortales, pero queda el homenaje inmarcesible que le rendimos a su memoria, el gremio, su familia y la patria.

(Tegucigalpa, 15 de agosto, 2009)

POSDATA

Al siguiente día de ser publicado este trabajo, recibimos la nota que dice:

"Estimado señor Mayorga: Soy hijo de Guillermo Pagán, y en esta ocasión escribo para agradecerle de parte de mi familia, especialmente de mi madre Alma Luz Rodezno, por las hermosas palabras escritas por usted en la edición del diario La Tribuna de ayer sábado 15 de agosto. De verdad que es un honor para nosotros, que mi padre sea merecedor de tan relevantes conceptos. (f) RODOLFO PAGÁN RODEZNO".

OTRAS VOCES:

"Guillermo fue un comunicador muy querido en su gremio, en el que fue respetuoso de las ideas de los demás, por mucho, poco o nada que coincidieran con las suyas. Como ser humano fue muy solidario con el dolor ajeno, pero no hacía alarde de eso. Cuando ayudaba a alguien, trataba de hacerlo, siempre que le fuera posible, de manera anónima". *(LA BITÁCORA, La Tribuna, 8 de agosto, 2009).*

"Cuando hombres como Guillermo Pagán dejan la vida terrenal, no siempre tenemos la palabra puntual para rendirles el homenaje que se

merecen. En este caso es fácil, porque se trata de un hombre generoso, bueno y sincero, que amó y respetó la vida". (JUAN RAMÓN MARTÍNEZ, La Tribuna, 14 de agosto, 2009).

"Pese a sus grandes atributos y profesionalismo, Guillermo Pagán Solórzano, murió pobre, como mueren los periodistas honestos, los que sólo han vendido a lo largo de su trayecto por el campo de la informacion, su fuerza de trabajo y su talento para volverla productiva, por un salario, suficiente para vivir con decoro". (ARMANDO CERRATO, La Tribuna, 15 de agosto, 2009).

MONTENEGRO Y SUS LEYENDAS

Con su hermano Marco Antonio (formidable locutor y cantautor), adoptaron simultáneamente un medio para explorar la popularidad y poner en práctica sus facultades multifacéticas: la radiodifusión.

Estábamos por ahí de los años 60 y 70, cuando entablamos amistad con ambos. Ya Jorge laboraba para HRN, pero seguía ostentando la humildad de toda su vida. A veces, acompañaba a los colegas que todavía no estábamos convencidos de las fatales consecuencias que traen las bebidas espirituosas, pero él hacía caso omiso de las tentaciones. De aquello fueron testigos los viejos callejones de Tegucigalpa y las amplias avenidas de Comayagüela.

Su afición por las narraciones ancestrales y por las fantasmagorías, le nació desde su infancia, cuando, según recuerda, su madre doña Chepita y su tía María Manuela, originarias de Danlí, El Paraíso, les narraban cuentos en la cuartería donde habitaban.

Montenegro ha sido un espíritu librepensador, con el suficiente albedrío para emprender aventuras cual más difíciles y peligrosas. Refiere que vendía tamales y productos de achinería, a los siete años de edad. Con Herman Allan Padget, compartían los mismos menesteres, lustrando zapatos y entregando leña a domicilio, con cuyo pago iban a la "galería" de los cines capitalinos.

En un espontáneo reportaje, le confiesa a Renán Martínez (LA PRENSA 7/29/07) que *"De niño era miedoso. Me cubría con la sábana para dormir, creyendo que los fantasmas se alejarían y no podrían arrebatar mi sueño. Pero, con el tiempo, fueron la principal motivación para crear el programa* **'Cuentos y Leyendas de Honduras'** *que el rotativo La Prensa publicó en historietas ilustradas semanalmente y que causó gran impacto en la radio".* El mismo, que semanalmente el citado rotativo ha publicado en historietas debidamente ilustradas y que han causado gran impacto entre los lectores.

En sus arrebatos como trotamundos, anduvo por San Pedro Sula, y se matriculó en el instituto José Trinidad Reyes, pero pudo más la nostalgia y retornó a la capital donde fungió como contramaestre de Toño Mazariegos Velasco anunciando productos por un carro-parlante. En otro envión y ¡Zaz!: a trabajar como locutores de Radio Comayagüela; después en Radio América, donde nació el nunca bien ponderado espacio "C y L de H", hoy convertido en un libro que, para el ámbito hondureño, puede calificarse como un *best seller.*

El periodista Martínez, en su entrevista, le pregunta: "¿De dónde saca el material para sus programas?" Y *Mountblack* simplemente le participa que fue hasta La Mosquitia a conseguir leyendas con los nativos, y lo mismo ha hecho con los de Islas de la Bahía y de otros lugares casi inhóspitos donde ha recopilado todo su archivo.

Este periodista, escritor, locutor y actor, no se detiene en los primeros escalones. Ha publicado varios libros de medicina natural y de suspenso; y en su más reciente obra incluye un CD con relatos "en vivo" de los personajes invitados. En diario La Tribuna escribe una columna periódica *"Déjenme decirles que…"*, con temas diversos y un estilo muy peculiar.

JOSÉ JORGE MONTENEGRO, nació en Tegucigalpa en 1940; se graduó de Perito Mercantil y Contador Público. Está casado con Julia Suyapa Martínez, con quien han procreado a Sharon, Carella (QDDG) y Samuel de Jesús.

Sus trofeos no son puro "cuento". Además del *"Laurel de Oro",* otorgado por el Ministerio de Cultura y Turismo, y el *"Herman Allan Padget",* conferido por el Congreso Nacional, tiene el más valioso y significativo premio, que es el reconocimiento del pueblo que lo considera desde ya una verdadera leyenda viviente de Honduras.

POSDATA

El 9 de septiembre del 2014, "Cuentos y Leyendas de Honduras" arribó a sus primeros cincuenta años de vigencia radiofónica, que comenzó por Radio América y ha venido abarcando otros medios, escritos, televisivos y hasta la cinematografía al estrenarse en el 2014 la película en los cines nacionales con el mismo título que le ha grangeado la simpatía, la admiración y el elogio popular.

SU ESTANDARTE ES LA RADIO

Bastante jóvenes todavía, nos encontramos por los pasillos del edificio que estaba frente al plantel del instituto 'María Auxiliadora', en el Barrio Abajo de Tegucigalpa, en los primeros años de la década del sesenta.

Él se había recién graduado como maestro de educación primaria en el Instituto Normal de Varones y estaba saliendo de la lectura de un programa patrocinado por religiosos. Yo, regresaba de un curso internacional de periodismo de tres meses auspiciado por la OEA en Quito, Ecuador, y aún era relacionador público del Ministerio de Educación. No recuerdo cómo llegué a presentar Gaceta Informativa y Cuestión de Minutos (dominical). Esa vez, ambos nos detuvimos afuera de la cabina donde otro joven con gafas y algo nervioso iniciaba su programa "Ante la Afición" de apenas 15 minutos, que se reducían a siete por los desesperantes y obligados cambios comerciales.

El más novel de los cronistas (en ese momento) deportivos respondía al nombre de Diógenes Cruz García; el segundo interlocutor era JUAN BAUTISTA VÁSQUEZ. Mi papel era honorífico, pues su titular Roberto Díaz Lechuga había dispuesto asilarse y llevar su familia a Nueva Orleans, después del golpe de estado de 1963. Pero el plan era causar alguna impresión y que mi buena voluntad fuese tomada en cuenta para figurar en las planillas de la empresa. Eso no sucedió. A los pocos días, un popular y genial Herman Allan Padget asumía esos espacios, con un salario garantizado y de altas cifras.

No tuvimos suerte de ganar ningún estipendio, pero desde entonces entablamos una amistad sincera y cordial con JB Vásquez, y con otros firmes baluartes de HRN como don Rubén López Fuentes, Lic. Rodolfo Brevé Martínez y Lic. Moisés de J. Ulloa Duarte.

JB VÁSQUEZ, no se inició en HRN sino en Radio Monserrat el 1 de abril de 1963. Pero ese mismo año, don Rafael Silvio Peña le abrió las puertas de Radio América hasta que en l970, La Voz de Honduras le hizo una oferta cuando estaba por constituir Emisoras Unidas.

Tiene el orgullo de haber laborado a la par de insignes figuras del periodismo radiofónico y escrito, como lo fueron Gustavo Acosta Mejía, Moisés de J. Ulloa Duarte, Herman Allan Padget, Gerardo Alfredo Medrano, Virgilio Zelaya Rubí, Vicente Machado Valle (padre e hijo), Oscar Acosta, Céleo Murillo Soto, Eliseo Pérez Cadalso, Carlos Rigoberto Soto, Alejandro Castro h., Napoleón Mairena Tercero y otros consagrados de la prensa nacional.

Trascendiendo sus "bodas de oro" profesionales como periodista, JUAN B. ha recibido innumerables estímulos, premios y condecoraciones. Baste mencionar, el Reconocimiento del Gobierno de EEUU en sus 200 años de Independencia (1976); otro, por Servicios Distinguidos a la Patria en la Radiodifusión Nacional, por la Junta Militar de Gobierno (1979); proclamado Ciudadano de Honor de la ciudad de Nueva Orleans (1980); Locutor de Noticias del Año, conferido por la UNAH y la Unión Hondureña de Locutores (1986); a la Excelencia Periodística, por la Universidad Internacional de La Florida (1992); Placa de Honor al Mérito en el Premio Nacional de Periodismo, por la Federación Centroamerica de Periodistas, capítulo de Honduras (2000); premio "Oscar A. Flores", en 2006, por la Asociación de Prensa Hondureña (APH); premio "Froylán Turcios", conferido por el Congreso Nacional, y el premio a la Comunicación Social en Categoría de Radio, por la Universidad Metropolitana de Honduras (2014).

Nos quedaríamos cortos, si no agregáramos, la Medalla de Honor al Mérito, Segunda Clase, otorgada por las FFAA de Honduras (1997), y en 2007, la Cruz de esa misma institución.

Nuestro talentoso y cordial amigo, añora *"aquellas reuniones en el Bloque de Prensa los sábados por la tarde; los congresos periodísticos en La Ceiba y, rotativamente, en otras ciudades del país, cuando nuestro trabajo lo desempeñábamos con estricto apego a la competencia leal y sincera".*

JUAN B. VÁSQUEZ no se ha quedado rezagado entre los viejos callejones, oteando desde las ancestrales cumbres las maravillosas tardes y mañanas de la hermosa capital hondureña. Ha sido invitado por los gobiernos de Taiwán (China Nacionalista), Israel y los Estados Unidos; ha cubierto reportajes en España y Holanda (en la Corte Internacional de Justicia de La Haya, durante los litigios de Honduras con naciones vecinas). Ha integrado las delegaciones oficiales a Uruguay, Brasil, Chile, Argentina, Ghana (Africa). Entre 1964 y 1972, fue parte del staff de prensa de Casa Presidencial, y miembro del Comando de Relaciones Públicas de las Fuerzas Armadas de Honduras.

Actualmente, nuestro invitado es Coordinador de Noticias de Radio América; Vicepresidente Honorario del Club Olimpia Deportivo, y eficiente colaborador de la internacional Voice of America (VOA).

Con cierta nostalgia, recuerda aquellos días en que por las calles capitalinas los reporteros visitaban las fuentes informativas, *"y el verdadero compañerismo era el pan nuestro de cada día"*.

'EMPERADOR' DE LAS NOTICIAS

Como el célebre emperador francés, este **NAPOLEÓN** catracho ha librado intensas batallas, pero en los campos del periodismo vernáculo; particularmente, a través de las ondas hertzianas que han llevado su voz y su medular pensamiento a los más recónditos lugares de la patria y del exterior.

JOSÉ NAPOLEÓN MAIRENA TERCERO, está en la radiodifusión desde hace más de medio siglo. Lo conocimos en Radio Centro, donde dirigía los servicios noticiosos, después de una larga y notable trayectoria en *Gaceta Informativa* de HRN que era, indudablemente, el espacio más influyente por las noches.

Según los *Clips* de la revista Hablemos Claro, *"entre 1946-1950, la audiencia perseguía la voz de este reconocido locutor en la misma emisora (*Radio América) *pero por su vibrante participación como narrador de las radionovelas que dirigía el famoso libretista cubano, Emilio Díaz"*. Con este talento caribeño habían llegado de Cuba,

Alfredo Arambarry, Aramis del Real, Servando Fernández y Richard Pedraza, convocados todos por su compatriota Rafael Silvio Peña, fundador de *la América,* que funcionaba entonces en el barrio La Guadalupe. Sus compañeros en esa misión eran Antonio Mazariegos Velasco y Gloria Urquía.

Particularmente, por una temporada entregamos cuotas de noticias a este beligerante comentarista, en una época en que los salarios gubernamentales eran más raquíticos que ahora. Sin descuidar las responsabilidades centrales, nos dábamos el tiempo para ganar otros lempiras en Radio Católica Suyapa, cuyo director de prensa era Carlos Rigoberto Soto y con Mairena Tercero en Radio Centro.

También había noticieros independientes, como *El mensajero del aire,* que locutaba por la Primera Emisora del país el Lic. Rodolfo Brevé Martínez; y los conducidos por Raúl Barnica López *(Impacto),* Arturo Sagastume *(Comentarios),* Jonathán Rousell, Tuto Gómez; los de Radio Comayagüela y de otras emisoras. Fue la época de fundación del primer espacio noticioso en la televisión: *Telerápidas,* dirigido por el Lic. Vicente Machado Valle hijo, fallecido en Tegucigalpa el 5 de abril del 2007.

Mairena Tercero tenía como co-piloto al inquieto y simpático José Augusto Padilla Vega, más tarde propietario de Radio Cultura. Pero en su grupo de reporteros había una novedad: la jovencita Magda Argentina Erazo Galo, toda una sensación en los años sesenta por tener en el gremio a una compañera, cuando todavía persistía ese machismo ancestral. A medida que más damas y damitas se incorporaban a la profesión, los periodistas y la gente fueron acostumbrándose a compartir las *primicias* informativas.

El exitoso periodista, no se conformó con ser director de noticias y locutor con excelente dicción en una empresa. Estudió y se graduó en la escuela de Derecho de la Universidad Nacional Autónoma de Honduras, a base de talento, esmero y dedicación, tal como lo había hecho cuando logró su título de Perito Mercantil en el instituto nocturno 'Morazán', de Comayagüela. Hace unos años, la cadena Audio Video contrató sus servicios, y desde Radio América, su voz se volvió a reflejar en los comentarios verticales y respetables. Al retirarse de esa empresa, no lo hizo completamente del medio radiofónico y sigue conectado a las noticias.

En **Mairena Tercero,** reconocemos a un vivo ejemplo de superación personal. A un verdadero *emperador* de las noticias. A un conquistador de auditorios a través del micrófono. A un triunfador indiscutible en cada una de sus profesiones, dondequiera que labore.

¡Todo un *Napoleón* en cuerpo, espíritu y coraje!

LLEGÓ, SE QUEDÓ Y TRIUNFÓ

"Perseguir el éxito con el único fin del beneficio propio, no puede conducir a la felicidad verdadera, porque es una búsqueda que no está en armonía con la realidad del Universo" (MARIANNE WILLIAMSON).

Lo que nos dice esta experta en el campo del desarrollo personal en su libro "Espera un milagro cada día", está en consonancia con la vida de este colega que se aventuró a dejar la emisora en que trabajaba desde 1965, en El Progreso, Yoro, donde estudiaba magisterio y se destacaba con hábil palabra como maestro de ceremonias en su colegio "El Progreso", para emprender dos años después el camino hacia un destino mejor.

Encontró la oferta en una popular radio de la ciudad vecina de San Pedro Sula. **SALVADOR LÓPEZ MUÑOZ,** nació en La Lima, departamento de Cortés, pero su infancia la pasó en Morazán, Yoro. En la Capital Industrial encajó bien en Radio El Mundo y ahí se mantuvo por tres años hasta que su incontenible inquietud por seguir adelante lo situó en Nueva Orleans. Otro viajero más, pero no 'uno más'.

Con varios discos hondureños bajo el brazo --uno de ellos con canciones de Charlie McField-- tocó puertas en Radio Mil, y escuchando que el acompañamiento era de la orquesta de Armando Manzanero (quien también se iniciaba como compositor), le dieron la oportunidad por dos meses mientras el locutor de turno se ausentaba para atender una emergencia en Guatemala.

Prolonga su estancia en la pequeña emisora supliendo a otro colega que salía de vacaciones. Pero, observando que no habían mayores perspectivas y un trabajo fijo, decide dar el salto hacia la Gran Manzana, a un sector llamado Newburg, cerca de Búfalo y Canadá. Mientras guarda las esperanzas, toma un trabajo como mesero; pero eso no está en su agenda; no existe correlación entre una cabina y servir comida.

Auxiliado por un paisano a quien nombran "Tonín", se dirigen a Puckeepsee donde funciona una casa de radio; sin embargo, hay que saber inglés; lo escucha el manager, y le dice que puede darle una hora los sábados y, por mientras, se defienda con avisos en español. En Newburg, lo respaldan algunos negocios hispanos, le imprimen volantes, le regalan discos y lo alientan hacia adelante. *"Fue fabuloso salir al aire; las líneas telefónicas se llenaron, y el administrador me concedió otra hora más. Desde entonces comencé a ganar dinero",* recuerda con pensamientos nostálgicos. El amigo que lo auxilió, Tonín, también se convirtió en hábil vendedor y terminó siendo productor de la misma emisora.

Salvador López M., regresó a Honduras en 1972 y experimentó una vez más, temporalmente, en La Voz de Centroamérica, La Voz de la Costa, Radio 1050 y Radio Swan. Se enroló como actor en un Grupo Teatral, pero en 1975 volvió, esta vez a Boston, donde se convirtió en un exitoso disjockey, hasta que el empresario cubano, Raúl Alarcón, se lo llevó a Nueva York en 1983 a laborar como su asistente en Super KQ (WSKQ) de la cadena SBS; lo nombró su director musical y después director de programación. En 1987 lo trasladó a Los Angeles, a dirigir la KQ de California, pero la familia no se pudo ambientar, y en 1988, el buen samaritano de Alarcón --quien había confiado otras responsabilidades en el hondureno-- lo condujo a Miami, donde hizo carrera en FM 92 y en CMQ, una de las emisoras más cotizadas del sur de La Florida.

Este limeño-progreseño-morazaneño dinámico y lleno de aventuras laborales, trabajó para Radio Suave. No obstante, en gratitud para su mentor cubano, retornó a Stéreo Fiesta FM; fue reportero de tránsito en Metro Network, y en la Gran Cadena FM que se escuchaba en Cuba y tenía repetidora en Nicaragua. Todo sufrió un cambio radical con la enfermedad y muerte de Alarcón. Su hijo tenía otra mentalidad y otros planes; el personal tuvo que ir abandonando la cadena radial, y nuestro compatriota López Muñoz llegó a Radio Mambí (hoy Univisión Radio), donde el prestigiado locutor, productor y comentarista, Armando Pérez Roura, lo recibiría sin necesidad de muchas credenciales, porque ya sabía de su trayectoria. Con este renombrado periodista ha venido, desde 1986, combinando voces y capacidades, mejorando su calidad natural y convirtiéndose en todo un comunicador.

"Estoy recorriendo mi camino, sin saber hasta dónde voy a llegar. Todos mis pasos los he dado con mucha seguridad hasta ahora", afirma el locutor hondureño. Y reconoce, que no todo ha sido dulce para él y su familia, pero que las amarguras son pruebas que Dios pone por delante a los luchadores para que no retrocedan, y puedan demostrar al mundo que "la fe mueve montañas".

Salvador López Muñoz, ha sido un pionero que abrió puertas para que otros colegas hondureños llegaran a laborar en la radiodifusión estadounidense. Eso hay que reconocerlo, sin mezquindades.

POSDATA

El lunes 23 de julio del 2012, Salvador inauguraba oficialmente las transmisiones, a nivel internacional, de su emisora por Internet www. planetariax.com

Esa noche, participábamos de un segmento --con música y comentarios—en el que nos distinguia como parte del grupo que integrábamos, Mario López y Guillermo Díaz, en Los Angeles, CA; Oswaldo Meza, en Orlando, Florida; José Inés Rápalo, en Nueva Jersey, NJ; Víctor Angel Fuentes, desde San Pedro Sula, Honduras, y un servidor en Salt Lake City, Utah.

Al paso de los meses, esta singular radio ha experimentado especiales innovasiones.

JULIO CÉSAR CRUZA TRINCHERAS

Hasta los años 60, los costeños procedentes de La Ceiba, Trujillo, Tela, Olanchito, sólo podían comunicarse con San Pedro Sula, por avión y por ferrocarril. La carretera central entre esas comunidades era un sueño, y en las butacas de los congresistas y del gobierno central no pasaban de ser simples promesas. Es más, llegando a El Progreso había que cruzar el río por una balsa grande o cayucos. El caudaloso Ulúa guardaba otros secretos que sólo conocían algunos caciques políticos, prestos a desaparecer a unos cuantos compatriotas que no comulgaban con sus decisiones.

Cuando este joven creyó que había practicado lo suficiente imitando locutores sintonizados en la radio de onda corta y ejerciendo la práctica en Radio Ulúa, emprendió camino a la Ciudad Industrial por sobre el puente *"La Democracia"* recién inaugurado. Fue recibido con palmaditas en Radio El Mundo y

La Voz de Centroamérica, imponiendo su familiar saludo de *¡Hey familia!*, que caracterizó en los programas de música tropical, en los que ponía garbo, entusiasmo y confianza durante los diálogos con el público.

Ese trayecto lo emprendieron, antes o después, desde la Perla del Ulúa, Víctor *(Tito)* Antonio Handal, Daniel Dávila Nolasco, Salvador López Muñoz, Roberto Rodríguez Portillo, Tomás Chi Medina, Oscar *(Chamaco)* Girón, José Rolando Sarmiento, Alfonso Anariva Cálix, David Romero Murillo, Luis Alonso Bu, para sólo mencionar algunos elementos de micrófono y cabina.

Nuestro referente también estuvo en Radio Ceiba. Y en Tegucigalpa, creyó haber llegado a la culminación de su carrera trabajando en HRN y Radio América. Pero no. **JULIO CÉSAR DOLE ORELLANA**, dispuso viajar a los Estados Unidos y someterse a pruebas con el empresario cubano, Raúl Alarcón (QDDG) primero; y luego, con ejecutivos de Univisión donde fue contratado después de una audición en la que compitió con más de una docena de aspirantes.

No estaba solo. Más locutores hondureños laboraban ya, o se incorporaban en Spanish Broadcasting Systems (SBS); entre ellos: López Muñoz, Aníbal Núñez, German Estrada, Víctor Angel Fuentes, Oscar Alvarado y otros elementos de la cadena radial hispana, con emisoras en Nueva York, Los Angeles y varias metrópolis estadounidenses.

La consagración de **JULIO CÉSAR** fue destacar en Univisión en los años 90s. Desde ahí, ha pasado por algunas pruebas, dulces y amargas, que ha logrado superar gracias a su temperamento alegre, optimista y campechano. Las más duras han sido la trágica muerte de su hija Claudia María (ex-reina de belleza), junto a su esposo y un hijito varón, en un accidente terrestre. A los pocos años, su nieta sobreviviente también falleció a causa de una neumonía, que fue superior a los amorosos cuidados que por ocho años le brindó con ternura y devoción este abuelo carismático.

JULIO CÉSAR DOLE ORELLANA, tiene impresa su privilegiada voz en importantes espacios de Univisión, tanto en la identificación de la cadena, como en los *Avances informativos,* el *noticiero central, Primer Impacto, República Deportiva, Aquí y Ahora, Sábado Gigante,* y en segmentos que son el sello personal de este hondureño, oriundo de una tierra olorosa a pinares y orgullosa de sus hijos talentosos y triunfadores.

POSDATA

JULIO CÉSAR, pensó en su retiro del trabajo que tantos honores le significó. Ha vuelto a Honduras como un heroico campeón que pelea en luchas foráneas, pero pensando en el regreso al solar nativo con el gonfalón en alto. En el tiempo de ausencia afrontó duras vicisitudes que ha ido superando paulatinamente, pero tiene fe en el porvenir y un aguerrido espíritu que combate con ardorosa convicción de un presente silencioso, pero con un camino aún por recorrer.

Otro tanto podríamos decir de uno de los consentidos del micrófono y admirado por el auditorio que lo sigue, VICTOR ANGEL FUENTES, reintegrado al solar nativo en el 2010, después de haber puesto el nombre de Honduras en el pedestal honorífico fuera del país.

Y no nos cansaremos de mencionar, que en similares condiciones de reintegro a la Patria hemos encontrado a GUSTAVO ARMANDO MEJIA, trayendo bajo el brazo y con la frente en alto los sonados éxitos que conquistó en Nueva York, Los Angeles y Miami, como locutor y productor de importantes emisoras norteamericanas.

A ORILLAS DEL POTOMAC

Lo conocimos más cercanamente como compañeros en Radio San Pedro, al inaugurarse esa emisora de la cadena Audio Video en la zona céntrica de la Capital Industrial de Honduras, en 1969.

Ahí llegamos a formar parte del equipo periodístico que nos encomendaron la gerencia y dirección, bajo la responsabilidad de Víctor Antonio Handal y Efraín Zúniga Chacón, respectivamente. Él era uno de los locutores a quienes puede calificarse como "estrellas".

ALEXIS ZÚNIGA ALEMÁN es capitalino. Nacido el 17 de julio de 1942 (un día después que nosotros, pero cuatro años más tarde). Su padre fue un médico eminente y su madre una maestra muy querida. Ambos –el doctor Gustavo A. Zúniga Díaz y profesora Clara Alemán Suazo de Zúniga– lo matricularon en la primaria del instituto San Miguel, de Comayagüela, graduándose como Bachiller en Ciencias y Letras en otro prestigioso colegio rectorado por religiosos y de la misma ciudad, el San Francisco.

Antes de referirnos a su trayectoria radiocomunicativa, es preciso apuntar que Alexis obtuvo un diploma de High School en Saint Francis, de Lowell, Masachussetts, y en la Universidad se recibió como Bachiller en Artes de la Comunicación.

Cuando su padre fue nombrado subdirector del hospital Vicente D'Antoni, de La Ceiba, Alexis inició sus prácticas con el micrófono en las emisoras locales La Voz de Atlántida, El Patio y Caribe. Después vivió en San Pedro Sula, ingresando al Centro Universitario Regional del Norte (hoy Universidad del Valle de Sula), cursando estudios de Administración de Empresas y laborando simultáneamente, pero en su momento, para Radio El Mundo, Radio Televisión, Radio San Pedro y Radio Norte.

De familia acomodada y de prestancia en los círculos sociales y profesionales hondureños, Zúniga Alemán se distinguió primero como locutor en Radio Morazán, Radio Comayagüela, Radio Televisión, Radio Satélite, Radio Honduras (Voz oficial del gobierno), y en las grandes cadenas Radio América y HRN. Se destacó en el Teatro Infantil que dirigía la inolvidable Merceditas Agurcia Membreño y más adelante en el Teatro Universitario.

Fue durante una convocatoria a nivel continental de Voice of America (VOA) que Alexis surgió como un integrante de esa potente emisora mundial. Felizmente, obtuvo el llamado como editor y radioperiodista, en Washington, D.C. hacia donde se trasladó en 1985.

En su ocupada trayectoria, se afilió a la Asociación de Prensa Hondureña, Colegio de Periodistas de Honduras, Sindicato Radial Sampedrano y fue miembro fundador del Club de Leones de la Colonia Fesitranh y del Festival de los Zorzales.

Con su bella esposa, Martha Montes Zúniga (una de las memorables integrantes de la Selección Nacional de Basquetbol de Honduras), viven felices al rumor de las poéticas aguas del Río Potomac, cuyas brisas cautivaron más de alguna vez al primer presidente de los Estados Unidos de América: George Washington, cuyo nombre lleva honrosamente la capital federal.

LOCUTOR, COMPOSITOR Y EDITOR

Ricardo Adán Ortiz, no ha sido otro locutor más de la radiodifusión hondureña. Ha sumado sus capacidades a las conquistas del gremio y, entre decepciones, rechazos y aciertos, pudo conseguir finalmente sentirse realizado para beneficio de su familia y para orgullo de la patria.

EN 1967, se inició en la antigua Radio Corona 1080, en San Pedro Sula, que luego pasó a ser Radio Estrella de Oro, donde se sostuvo por tres meses. El empresario cubano, Rafael Silvio Peña, lo llamó a la nueva Radio Continental para llenar el vacío de Oscar Eduardo Montes. A los quince días, el colega Armando Sánchez Amaya le informó que en Emisoras Unidas buscaban talentos para la reciente estación, Radio Eco (Ondas populares), donde fue oficialmente la primera voz que salió al aire en 1968.

En 1969, se funda Radio Éxitos (La X más deportiva) que tuvo entre su excelente equipo de producción a Antonio Corea, Alexis Zúniga Alemán, Tomás Chi Medina, Norman Serrano Miralda, Carlos Mario Herrera, e incomparables operadores como José Luis Maldonado y José "Chepito" Mejía, bajo la batuta de Edgardo Iglesias Bustillo.

A grandes rasgos, nos cuenta esta historia que desconocíamos: *"En cierta ocasión en que jugaban el clásico deportivo, Marathón y Olimpia, se me alumbró el bombillo y produzco la letra de sus respectivas canciones motivadoras. Para los "leones" con la música de la cumbia 'Pablito' (lado A del disco de 45 RPM). Luego, la de los "panzas verdes", con la música de 'El barco' (lado B del disco de Mario y sus Diamantes").*

Al recordarle a Ortiz sobre la controversia en torno a la autoría de esas canciones, nos dice tajantemente: *"Nadie más aportó ni una sola palabra. Es mía íntegramente. Lo que sí reconozco es el aporte de voces que pusieron mis compañeros locutores y la habilidad de los ingenieros de sonido (Maldonado y Mejía)".*

Como compositor recuerda que escribió una marcha con la que abría sus transmisiones deportivas Emisoras Unidas, pero nunca tuvo reconocimiento alguno de los empresarios. Eso lo incomodó y, sin titubear, aceptó una buena oferta de don Federico Batistello

Segatto, para Radio El Mundo, en 1970. Esta novel emisora había contratado a elementos de gran experiencia en el periodismo general, deportes, música y promociones. Recuerda entre sus consejeros a Oscar Echenique Bustillo, Edmundo Espinal Díaz y al autor de este libro.

Estando en La Mundo, Ricardo A. Ortiz, compuso tres canciones más. Con la pista de 'Que me coma el tigre' de Hugo Blanco, dedicada al club Lempira de La Lima; con 'Macondo', al Olimpia nuevamente en 1973, y en el mismo año, al Marathón, con 'Agua salada' de Los Sonors, además de toda la producción de 'jingles' conque se identificaba esta popularísima radio sampedrana. Aquí, el experto en sonido era Joelito López, auxiliado por Arquímedes Alvarenga, Roberto y Guillermo Chong Martínez.

En materia deportiva, agradece las experiencias adquiridas con Efraín Zúniga Chacón (El hombre de la palabra veloz y oportuna), Tulio Leiva Mejía (El veterano de oro), la dinamia joven de José Antonio Peña Jerezano, y de voces de calidad y eufonía, como Víctor Angel Fuentes.

Ricardo Adán Ortiz llegó a los Estados Unidos en 1980, tocando puertas en Los Angeles, California, que no se abrieron de inmediato. Venía con una visa aprobada por la embajada en Tegucigalpa cuando era embajador, Mr. Felipe Sánchez, pero traía a su madre, Ramona Padilla (QDDG), a su esposa, Antonieta y a sus hijos Karen, Ingrid y el menor, Larry. Por fortuna o casualidad, un cuñado suyo era 'chief' en un hotel y le consiguió de lavaplatos pero fue despedido por bajo rendimiento. ¿Qué creen? Se dedicó entonces a vender naranjas a la salida de los 'freeways', hasta que un día se encontró con Willy Bran Rodríguez (un artista y amigo en todo el sentido de la palabra, que también hizo radio), quien lo introdujo en el doblaje de más de cien películas.

Así fue como conoció al locutor nicaragüense, John Wabi, quien lo recomendó al director de una emisora con licencia mexicana, (Frecuencia 950 AM, KMEX, Radio 95), dándole oportunidad de narrar para Canal 18 (estación oficial de los California Surf, equipo de fútbol en que jugaba Carlos Alberto Torres, capitán de la Selección de Brasil en México 70.

Ese fue el arranque para desempeñarse en otras estaciones mayores, como KALI, Radio Variedades; KSKQ, Super KQ, con la cual estuvo en Nueva York por una temporada. Retornó a Los Angeles, a la estación número uno de esa ciudad, KLVE, Radio Amor.

Después de tantas vicisitudes, Ortiz fue nombrado director de deportes de 1330 AM, con la que transmitió el Mundial de Francia en 1998. Del 2005 al 2008, fue director de noticias de la cadena Radio Campesina (fundada por el reconocido líder agrario, César Chávez), teniendo que producir siete noticieros para cada radio afiliada (Bakersfield, Salinas, Vaselia y Fresno, en California; Phoenix y Parker, en Arizona; Seatle, en el estado de Washington).

Nuestro compatriota ha sido voz oficial de importantes firmas de abogados y de reconocidos productos. En 1998, fue honrado en San Pedro Sula, con el "Micrófono de Oro" concedido por Unicef y la Cooperativa de Radio Uno, pero tiene otros galardones otorgados por la ciudad, el condado angelino, y por el estado de California, además de pergaminos de organizaciones Non Profit (No lucrativas) por ayuda a los más necesitados.

Ricardo Adán Ortiz, fundó en 2011 el único periódico hondureño en el condado de L.A., --PRENSA LATINA-- con artículos variados e información puntual de los acontecimientos hondureños. Por algo, el Premio Nobel colombiano, Gabriel García Márquez, dijo una vez: *"La vida no es la que uno vivió, sino la que recuerda y cómo la recuerda".*

ROWI:
CARICATURISTA Y EDUCADOR

Aunque estuvimos laborando para el mismo diario, no llegamos a conocernos porque fue en distintas etapas. Pero él se volvió famoso, visto y comentado profusamente, porque el mensaje de sus dibujos era más elocuente que las miles de líneas que contenían las páginas del periódico.

Nació en la entonces Villa de La Lima, departamento de Cortés, asistió a la escuela primaria mixta "Esteban Guardiola" y luego al instituto "Patria" que había sido fundado por los obreros de la Tela Railroad Company, agrupados en el más poderoso sindicato jamás superado en membresía, denominado el SITRATERCO. Por cierto, guarda sincera gratitud de maestros como Darío Efraín Turcios, Mario Soto Ramírez y otros cuyos consejos fueron valiosos en su futuro.

Nos referimos a **ROBERTO WILLIAMS,** más conocido en el ambiente periodístico y artístico como **ROWI,** el joven limeño que viajaba diariamente a San Pedro Sula a cumplir con sus responsabilidades en diario La Prensa, donde ganó prestigio con sus caricaturas, que competían con las columnas de opinión porque su contenido era crítico, a veces mordaz, en otras contemplativo.

Su abuela, Gregoria Máximo, le aconsejó que siguiera superándose en las vocaciones que ya demostraba en su adolescencia, y así lo tenemos estudiando Diseño Gráfico en la Escuela de Artes Pells, de Nueva York, donde se especializó y obtuvo reconocimientos con la llave de la Sociedad Alpha, Kappa, Beta. Se reincorporó al periódico sampedrano pero, no conforme, volvió a la Gran Manzana y obtuvo una licenciatura en Arte Gráfico en la Universidad Herbert Lehman, que lo catapultó a las prestigiosas editoras de libros, Willey y Delmar.

"La tecnología cambió profundamente la industria de los libros", dice. De tal manera, que se puso a estudiar en la Universidad Touro, graduándose con una Maestría en Educación y otra en Educación Especial.

Williams fue un muchacho inquieto desde su niñez. Con su gran amigo de toda la vida, Fernando Ching Navarro (QDDG), se apuntaron en la aventura de sacar a La Lima de su condición de Villa y convertirla en Municipio, lo que les acarreó animadversiones, pero también simpatías. La lucha duró unos treinta años, y siendo el ingeniero Juan Fernando López, alcalde de la ciudad industrial, se opuso rotundamente al proyecto (incluso le negó un premio periodístico que le correspondía), y cierta vez que el abogado Ricardo Zúniga Agustinus, influyente líder nacionalista, se dio cuenta, recomendó al entonces jefe de estado, Policarpo Paz García, que "ya era tiempo de declarar a La Lima como municipio".

Y así se cumplió, al grado que el ministro de gobernación, abogado Oscar Mejía Arellano (liberal) no tuvo otra alternativa que cumplir con el mandato; llegó en helicópetro y entregó el decreto en el parque de la fenecida Villa. Tanta era la emoción, que Zúniga Agustinus (nacionalista), levantó en vilo a ROWI (liberal) por el histórico papel que con Ching Navarro habían librado por tanto tiempo.

Roberto Williams está a la expectativa de lo que pasa en Honduras cada día. Tiene su pensamiento en lo mejor para su pueblo natal, y cree que La Lima seguirá ostentando el calificativo del "Corazón verde de Honduras", pero que el corazón de cada limeño debe cumplir con las obligaciones ciudadanas, aunque la producción de bananos haya sufrido una mengua considerable, es la comunidad y su progreso lo que más debe importar a sus habitantes de adentro y de los que la añoran desde afuera.

TONY LOW: AÑORA A CATRACHILANDIA

Animador, actor de teatro, libretista, canta-autor y hasta militar. Con más de cinco décadas y media frente a los micrófonos y las cámaras, este colombiano por nacimiento, adoptó a Honduras como su patria chica, desde que se fundó el Canal 7 en San Pedro Sula y empezó a distinguirse como un atinado locutor de noticias.

Su nombre completo es **MILCIADES ANTONIO LONGAS ZAPATA,** pero todo mundo lo conoce como *TONY LOW,* nacido en Girardota, departamento de Antioquia, república de Colombia, en 1932. Sus primeras pruebas las tuvo en *La Voz de la Víctor* y *Radio Continental,* leyendo noticieros, y como animador en *Radio Santander* y *Radio Todelar,* cuando apenas acababa de graduarse de militar en 1950.

En 1967 estudió televisión en San Francisco, California, pasando una temporada en Guatemala. Pero su futuro estaba en Honduras, presentando espacios interactivos con el público -- *el Tío Pancho, El Show de Mediodía, Piano Bar,* entre otros-- que lo mantuvieron en constante movimiento en la Ciudad de los Zorzales, siempre en compañía de su inseparable esposa, Marlene y su amada hija.

TONY se trasladó a Tegucigalpa en 1977 y en Canal 3, de Telesistema Hondureño, hizo sentir una vez más su espíritu creativo con programas como *Chiquilandia, Baje una estrella, La hora sabrosa, Delia y Tú,* animando el *Teletón,* y con participaciones en aquel famoso programa intercontinental *"300 Millones"* que se transmitía desde Madrid, España, para todos los países de habla hispana.

Nuestra amistad con este multifacético y extrovertido ciudadano de la radio, la TV, la música y la farándula, data desde el momento en que Federico Batistello, propietario de Radio El Mundo y su director, Mario A. Subiabre, nos lo asignaron en la lectura del informativo *Enfoques de actualidad,* que dirigíamos, acompañando en la locución a Víctor Angel Fuentes, Ricardo Adán Ortiz y al cuscatleco Hernán Quezada de la Torre.

Años después, en 1969, nos integramos al equipo de *Tele Prensa,* (más tarde, *Tele Diario),* con Gabriel García Ardón, Tito Handal y Edmundo Espinal Díaz.

Muchas obras teatrales han tenido en su elenco estelar a **Tony,** tanto en el Círculo Teatral Sampedrano como en Arte Teatro de la Capital. Y más de un centenar de canciones han nacido de su númen, que hoy están circulando por Honduras y el exterior, interpretadas por reconocidos vocalistas y por él mismo.

En el 2006, el Instituto de Ciencias de la Comunicación, dirigido por el Lic. Arnulfo Aguilar, confirió un homenaje a destacadas figuras de los medios radiofónicos y televisivos. Entonces, tuvimos el privilegio de presentar a este amigo en las ceremonias del Hotel Sula, donde le entregaron uno de los *Micrófonos de Oro*; el otro fue para el Lic. Rodrigo Wong Arévalo; el de *Plata* al periodista deportivo, Alfonso Guzmán Carías, y reconocimiento especial a una joven locutora.

Aunque en una ocasión, el apreciable colega se inquietó por volver a su patria natal, no pudo lograrlo acicateado por la soledad y la nostalgia que le había causado el fallecimiento de su inolvidable esposa. Y es así como lo tuvimos de vuelta en esta tierra de fragantes pinos, de verdes montañas y de amistades sin fin. Tony, decidió volver al terruño de sus amores, el primero y natal, desde donde se acerca a sus amistades por medio de las redes sociales, pero donde deja traslucir su sincero amor y gratitud por Honduras y los hondureños

Con su natural sonrisa y su don de gentes, tarde o temprano, quizá tengamos que repetir a **TONY LOW** aquellas frases cuando recibió su presea sampedrana: *"La gloria no es únicamente de quien la recibe, sino del que tiene la honra de compartirla"*.

VETERANÍSIMOS PERIODISTAS

Se trata de casi unas míticas figuras de la prensa escrita, radial y televisiva, quienes echaron raíces en Tegucigalpa y crearon un estilo propio en su vasto ejercicio de más de medio siglo, en las redacciones, las cabinas y la pantalla chica. Pero también de otras personalidades que comenzaron a descollar en las zonas departamentales que –no por ser regiones—estarían menos preparadas para ejercer el periodismo. Quizá con ventajas menores, sí, pero a la misma altura de sus dignidades y talentos.

Donaldo Catillo Romero, Jonathán Rousell, aun están de pie, pero otros se nos fueron con la pluma en ristre, para esperarnos más allá en las nieblas vaporosas de la eternidad.

Igual que los primeros, siguen dando batalla por la verdad, otros grandes baluartes de la libertad de prensa, como Jacobo Goldstein desde el exterior, Napoleón Mairena Tercero, Manuel Gamero, Mario Hernán Ramírez, Rodrigo Wong Arévalo, Adán Elvir Flores, Juan Bautista Vásquez, Luis Edgardo Vallejo, Nahún Valladares V., Adolfo Hernández, Roberto Soto Rovelo, Juan Ramón Mairena Cruz, Sigfrido Pineda Green, Miton Mateo, Ramiro Sierra, German Reyes, José Ochoa Martínez, José Domingo Flores, José Danilo Izaguirre, Jorge Montenegro, Armando Cerrato Cortés,

Andrés Torres R., Ludovico Sánchez Turcios, Juan Ramón Durán, Fredy Cuevas Bustillo, Renato ALvarez; Amilcar Santamaría, Gabriel García Ardón, Edmundo Espinal Díaz, Ponciano Paz, Wilmer Pérez Regalado, German Quintanilla, Jesús Vélez Banegas, Nelson Fernández, Roberto Arturo Caballero, Roberto Rodríguez Portillo, Rafael Platero, Victor A Handal, Virgilio Andrade, Adelmo Argueta, René Velásquez Amador, Olman Serrano, Juan de Dios Fajardo, René Madrid, Carlos Cornelio Montoya, Salomón Salguero, Edgardo Benítez, Eduardo Coto Barnica, Arnulfo Aguilar. Fotógrafos de prensa, como Raúl (Pibe) Morales, Gerardo Mazariegos, Raúl Villalta, Ramón Oquelí Mayorga, Max Lemus, Fernando Rivera, Andis Orlando López.

No han abandonado la crónica ni la narración, Carlos Gris, Jimmy Arturo Rodríguez, Dagoberto Luján, Salvador Nasralla, Marlon Mejía, Rafael Lazzari, Henry Marvin Cabrera, Rousell Ramos R., Carlos Mario Herrera, Oscar Alberto Girón, Aquiles Canales, Iván Ayala Cálix, Mario H. Morales, Abraham Mejía G., Edmundo Mejía Pineda, Fabio Gómez, Luis A. Bu.

Nos duele la partida de colegas como Jorge Figueroa Rush, José Trinidad Murillo, Martín Baide Urmeneta, Miguel Rafael Zavala B., Jorge Talavera Sosa, Norman Serrano Miralda, Andrés Geraldo Ruiz, Billy Peña, Carlos Alberto Flores y todos los que se nos adelantaron hacia el infinito.

Por supuesto, mencionamos a los activos en los años sesenta y setenta, haciendo abstracción de los egresados universitarios y de las colegas del sexo bello, porque habría que elaborar una antología de la evolución informativa de Honduras.

Por su veteranía, por su sobresaliente trabajo y por su aporte a las manifestaciones culturales del país, todos estos amigos, colegas y compatriotas merecen nuestro reconocimiento como **VETERANÍSIMOS DEL PERIODISMO NACIONAL.**

SERVICIALES HIJOS ADOPTIVOS

No son pocos los ciudadanos de otros países que llegaron al nuestro bajo contratos temporales, pero que después optaron por quedarse definitivamente, formando hogares, y procreando una descendencia catracha.

*** De Guatemala, lo trajo el dueño de La Voz de Centroamérica, Jorge Sikaffy, para narrar partidos de fútbol. Pero **César Arnulfo Quezada** era más que éso. En su parcela de la eterna primavera se diversificaba en la descripción de las popularísimas vueltas ciclísticas, en balompié, béisbol y basquetbol, a través de la TGW, La Voz de Guatemala. A este polifacético profesional de las ondas hertzianas, bastaba con ponerle un micrófono al frente y era capaz de imprimirle todo el bagage de emoción y realismo a las descripciones, fuera cual fuera el deporte..

*** Del mismo vecino país y, más vecino aun, de Puerto Barrios, arribó a Tegucigalpa, **Manuel López Mayorga,** dedicado cronista deportivo que se mantuvo firmemente en los primeros lugares con su programa "Radar Deportivo", casi desde la fundación en el Barrio Abajo de Radio Centro, propiedad de don Manuel Villeda Toledo. Algunos descendientes de este colega --cuyo segundo apellido nos identifica sin ser parientes-- optaron por el periodismo como profesión, legándonos a unos López Suchini para largo tiempo en el gremio.

*** En la época en que "Diario Matutino" era conducido por el abogado Gustavo Acosta Mejía en HRN, era alabado como operador de ese espacio un joven costarricense que, con los años, se convirtió en un periodista académico. A **Carlos Eduardo Riedel,** su amor por Honduras lo ha mantenido inamovible desde que abandonó los lares josefinos y se inscribió en la habitual vida hondureña, incursionando con magnífico suceso tanto en la radio como en la televisión.

*** Otro que cruzó la frontera, proveniente de El Salvador, fue **Hernán Quezada de la Torre,** y en San Pedro Sula demostró su calidad e histrionismo, por Radio El Mundo. Ganó el aplauso y el cariño de la gente, por su clara locución y los personajes de su creativo programa "Crisantemo Siempreviva", que fue uno de los impulsores del género humorístico y crítico en la segunda mitad de la centuria anterior. Después de muchos años, se incorporó a su añorada Cuscatlán, pero su corazón siempre palpitó por Honduras.

*** Casos singulares de extranjeros considerados como hijos adoptivos de nuestro país, fueron **Rafael Silvio Peña.** el cubano que vino en la década del cuarenta y fundó Radio América y otras emisoras que hoy forman parte de la poderosa cadena Audio Video.

Otro cubano de origen y hondureño de corazón fue **Richard Pedraza.** Con su esposa, **Dixie,** integraron una dupla irreemplazable, en el hogar y en el trabajo. Las calles y oficinas capitalinas fueron testigos de sus diligentes pasos en la captación de las noticias y en el constante trajinar de la publicidad. Honduras fue el pañuelo conque enjugaron sus lágrimas de dolor y angustia como exiliados.

*** **Federico Batistello,** quien dejó su natal Italia y fundó la popular Radio El Mundo, al servicio de la comunidad sampedrana y de la región norteña. A él se unió como asistente, el chileno **Mario A. Subiabre,** quien en sus últimos años se trasladó a Tegucigalpa y dirigió Radio Cultura, propiedad del periodista José Augusto Padilla.

*** No podemos olvidar la entusiasta labor radiofónica del ecuatoriano **Angel Isaac Chiriboga,** quien permaneció por largo tiempo en San Pedro Sula, junto al empresario Jorge J. Sikaffy; después se retiró, volviendo esporádicamente a visitar a sus amistades. Mas recientemente, Chiriboga se ha incorporado a la Editorial Hablemos Claro, del licenciado Rodrigo Wong Arévalo, en las transmisiones de su respetable y escuchada emisora ABC Radio.

Damos testimonio del papel fundamental que ejercieron estos caballeros de la mediática internacional en nuestro territorio, porque con algunos de ellos nos codeamos en cabinas, alternando en espacios de nuestra competencia. Pero todos, absolutamente todos, han dejado una estela de grandeza, admiración y gratitud en el pueblo hondureño.

¡Honor a los que partieron al infinito, sin retorno!. El mayor afecto para los que todavía están entre nosotros.

VOCES CON ALMA CATRACHA

Su más inmediato anhelo es cantarle a Honduras, pedazo a pedazo, departamento por departamento, y que las cuatro décadas que dejaron atrás como agrupación no se resuman en esos discos, casettes o discos duros que han grabado hasta ahora, sino en el conocimiento mayúsculo de la música hondureña, casa por casa.

VOCES UNIVERSITARIAS DE HONDURAS, que nació como un ensayo entre estudiantes de varias carreras y que después continuaron como profesionales, no ha recibido toda la atención del Estado, a pesar de haber sido declarado como el grupo *"Intérprete Oficial de la Música Folklórica, Costumbrista y Romántica de la Patria"*, en 1970.

Suena rimbombante el título. Pero en la práctica, de casi nada ha servido a sus integrantes, cuando se han propuesto hacer giras de promoción o grabar nuevas producciones. Entonces, la ayuda desaparece de la escena en los momentos que más la necesitan.

Nos imaginamos aquella panorámica de 1966, que reunía a Manuel Castillo Girón, Federico Ramírez, Belisario Romero, Luis Alonso Serrano, José León Valladares, Salvador Lara, Armando Valeriano y Carlos Fortín, haciendo planes futuros y sonriéndole con optimismo al proyecto. Mucho más, al incorporárseles Arnaldo Villanueva Chinchilla, Antonio Torres y Víctor Vásquez, o los más recientes valores que mantienen con vigencia a la admirada institución.

Es toda una hazaña en nuestra dulce Hibueras meterse a músico, cantante, pintor, escritor y hasta periodista. Los esfuerzos de estos quijotes criollos, son vistos con disimulado aplauso y guiños de cierta ironía, que insertan en los protagonistas episodios de amarga decepción.

VOCES UNIVERSITARIAS, ha recibido múltiples homenajes y galardones, como el premio nacional de Arte, *"Pablo Zelaya Sierra",* Medallas de Honor al Mérito del Congreso Nacional, las Fuerzas Armadas, Universidad Nacional Autónoma de Honduras, Colegio de Pedagogos de Honduras, etc. Pero el más significativo, ha sido y será, el reconocimiento honesto y sincero del pueblo-pueblo que, ahorrando centavos y lempiras, sigue adquiriendo sus grabaciones y aplaudiendo sus maravillosas actuaciones.

En esas *VOCES* está el alma de la Patria. Y cuando el terruño canta y ríe, llora o se desconsuela, hay paz y alegría, dolor y lágrimas en el corazón de cada hondureño bien nacido.

¡Así es el sonido que alegra nuestros sentidos, cuando escuchamos a VOCES UNIVERSITARIAS!

-- III --

MUESTRAS DE MI BAÚL

ES MUY DIFÍCIL DESMENUZAR LA VIDA DE UNO, DESDE QUE BALBUCEA LAS PRIMERAS JERIGONZAS HASTA QUE SE PRODUCEN LOS MÁS RECIENTES ACONTECIMIENTOS.

POR CIRCUNSTANCIAS DIVERSAS, TODOS LOS APUNTES QUE HABÍAMOS GUARDADO EN LIBRETAS, ARCHIVOS Y PÁGINAS SUELTAS, TUVIERON FINALES DESCONOCIDOS. Y NUESTRO CEREBRO -- DESGASTADO POR EL TIEMPO-- NO DISPONE YA DE LOS RECURSOS FÍSICOS PARA HACER UNA NARRACIÓN COMPLETA, SINO PARCIAL, COMO AHORA.

NOS CONFORMAMOS CON PODER REPRODUCIR LA ÚLTIMA PARTE DE NUESTRA ACTIVIDAD PERIODÍSTICA QUE, POR MEDIA CENTURIA, HEMOS EXPERIMENTADO HASTA LA FECHA.

ESTA ES UNA BREVE MUESTRA, UN EXTRACTO APENAS, DE LOS RECORTES QUE TENEMOS ARCHIVADOS CON LIGERAS REVISIONES DESDE 1981 HASTA AHORA, COMBINADOS CON ALGUNAS SECUENCIAS ACTUALIZADAS COMO "POSDATAS".

VUELVE CONSTITUCIONALIDAD A HONDURAS

(Este artículo fue publicado en un periódico de Miami, FL, el 25 de enero de 1982, dos meses después que se realizaran elecciones presidenciales en Honduras, restaurando así la continuidad de la democracia institucional del país)

Considerable es el tiempo transcurrido desde el golpe militar que, en 1963, interrumpió el orden constitucional y derrocó al gobierno democrático y liberal del doctor Ramón Villeda Morales (21 de diciembre,1957- 3 de octubre,1963), para que Honduras recobrara su legitimidad institucional.

Durante ese lapso se produjo un relativo paréntesis, hasta que el abogado Ramón Ernesto Cruz, de filiación nacionalista, también sufriera la intimidación de las espadas y fusiles, y apenas lo dejaran gobernar poco más de un año. El autor era el mismo, el propio jefe de las Fuerzas Armadas, Oswaldo López Arellano, justificando un giro a la izquierda del primero de los citados, e incompetencia del segundo para mantener el civilismo.

Los dos partidos tradicionales hondureños (uno fundado a finales del siglo XIX, y el otro a principios del siglo XX} vienen alternándose en el poder sin que el pueblo haya gozado de una prolongada tranquilidad, que, según sus partidarios, sólo estuvo vigente durante la dictadura de 16 años entre 1933 y 1949.

En nuestra última colaboración a este diario, publicada el día anterior a las elecciones en Honduras, vaticinábamos que serían libres y tranquilas, como en efecto lo ratificaron más de 50 corresponsales extranjeros y observadores imparciales que las presenciaron. Algunos analistas pronosticaban un margen estrecho, aunque las estadísticas hablan más elocuentemente:

De 1.214.735 electores, el Partido Liberal obtuvo 636.392 sufragios; el Partido Nacional, 491.089; el PINU (Inovación y Unidad), 29.419; la Democracia Cristiana, 19.163; con 17.245 votos nulos y 17.430 en blanco. De ahí, que el Congreso Nacional fuese integrado por 44 diputados liberales, 34 nacionalistas, 3 pinuistas y un democristiano.

El nuevo presidente de la nación, doctor Roberto Suazo Córdova, y sus tres designados --Céleo Arias Moncada, Marcelino Ponce Martínez y Arturo Rendón Pineda-- asumen un mandato de cuatro años (27 de enero de 1982—27 enero 1986) con los nombramientos del gabinete y otros cargos del engranaje gubernamental.

El tiempo se encargará de evaluar la administración que viene a regular la normativa constitucional hondureña, y el pueblo decidirá en el futuro si las nuevas autoridades hacen honor al juramento de cada cuatro años sobre las sagradas páginas de la Biblia, de "cumplir y hacer cumplir la Constitución y las leyes"

POSDATA

En las elecciones siguientes, los candidatos triunfadores fueron: ingeniero José Simón Azcona Hoyo (Liberal, 1986--1990); licenciado Rafael Leonardo Callejas (Nacionalista, 1990--1994); abogado Carlos Roberto Reina Idiaquez (Liberal, 1994--1998); ingeniero Carlos Roberto Flores Facussé (Liberal, 1998—2002); licenciado Ricardo Maduro Joest (Nacionalista, 2002--2006); ciudadano José Manuel Zelaya Rosales (Liberal entonces, enero 2006--junio 2009), sustituido); ciudadano Roberto Micheletti Baín (Liberal, junio 2009--enero 2010, interino); licenciado José Porfirio Lobo Sosa (Nacionalista, 2010--2014); abogado Juan Orlando Hernandez (Nacionalista, 2014—2018).

UNA CRÓNICA JOCO-SERIA

Hoy queremos recordar nuestra primera misión como cronistas parlamentarios en los años sesenta. Y hemos vuelto a ubicarnos en los asientos desde donde se captan las interioridades del primer poder del Estado, con sus asuntos serios y con sus momentos para el buen humor, según se trate en sus agendas.

Una sesión *"empantanada",* como diría el abogado Elías Jones Cálix, fue la que provocó la discusión del artículo 45 del Proyecto de Ley del Registro Nacional de las Personas, que se discutía en su tercer debate. La acalorada discusión y no menos inesperada hilaridad, se basaba en que: *"En el Registro Civil no se permitirá la inscripción de sobrenombres, motes, diminutivos, alias o apodos. Tampoco se inscribirán más de dos nombres ni más de dos apellidos para una misma persona, ni la conjunción copulativa "y" entre el primero y segundo apellidos".*

Algunos ejemplos abundaron en profusión y se dieron sin buscarlos fuera de la Cámara. Otros, los encontraron en personalidades conocidas y, la mayoría, se fincó en el departamento Gracias a Dios, donde los aislados paisanos pierden la noción del tiempo y el espacio, y para no complicarse en buscar la fuente oficial, son bautizados con los nombres que tienen a la mano.

Se dijo, para el caso, que no era culpa que el diputado Natanahel DEL Cid o el ministro de Secopt José Simón Azcona DE Hoyo, llevasen esa contracción y preposición, respectivamente, siendo que sus antecesores los habían utilizado. Que tampoco tenía culpa el abogado José Leo Rodrigo Valladares Lanza, al disponer de TRES nombres; y, que ningún varón tendría sanciones porque sus padres los hubiesen registrado con nombres supuestamente femeninos como Guadalupe, Concepción, Carmen o José María.

Lo que causó sonrisas indisimuladas, fue cuando el representante Napoleón Méndez Guillén, refirió lo que sucede en La Mosquitia. Allí, dijo, hay compatriotas que todavía se orientan por las palabras eufónicas y podemos encontrar a muchos *Tiburcio Carías Andino, Ramón Villeda Morales, George Washington, Abraham Lincoln, Juan Manuel Gálvez, Francisco Morazán, Napoleón Bonaparte,* etc. etc.

Pero el colmo de los colmos, lo ejemplificó el mismo presidente del Legislativo, abogado Efraín Bu Girón, cuando recordó que una conocida familia suya en la capital había inscrito a su recién nacido como NONATO que, como todos sabrán, significa "no nacido".

Otro artículo polémico fue el 46, que decía: *"Toda persona que usare el nombre y apellidos que no le corresponden, será responsable de los daños y perjuicios que de ellos resultaren a terceros, y se hará acreedora a la responsabilidad penal a que hubiere lugar, estando obligada a cesar en el uso del nombre indebido".*

Fue el momento que el diputado Marco Tulio Rodríguez Palomo aprovechó para acusar a muchos secretarios municipales del área fronteriza con El Salvador, para señalarlos como responsables de haber registrado a ciudadanos del vecino país que conviven entre nosotros como hondureños, incurriendo así en lo que el doctor Francisco Cardona Argüelles llamó *"una tutela del derecho al nombre".*

Sería oportuno volver al Registro de las Personas a revisar una vez más nuestros nombres; no vaya a ser que por ahí alguien se pavonee con nuestras cédulas de identidad.

(Tegucigalpa, Honduras, 17 de septiembre, 1982)

POSDATA

Décadas posteriores, el Instituto Nacional de Estadísticas, revelaba que más de 3.000 nuevos ciudadanos hondureños han sido registrados con nombres raros y desconocidos, algunos casi impronunciables. Ya no causan hilaridad aquellos emulados de personajes sobresalientes, sino de músicos, artistas y originarios de países con distintos idiomas al nuestro, bajo la influencia de los medios de comunicación contemporáneos. La tendencia va en aumento, con apelativos que son tabúes en la diaria conversación y que no repetiremos aquí.

AVENTURA EN VIETNAM

El avión cuatrimotor número 612, de la Fuerza Aérea Hondureña, recién acondicionado en la Zona del Canal de Panamá, esperaba en el aeropuerto capitalino (Toncontín) ese 31 de enero de 1967, a sus tripulantes e invitados, en ruta hacia lo desconocido. La carga humana que transportaría el pequeño e incómodo aparato, apenas conocía uno que otro lugar de las escalas en suelo norteamericano. Pero, de ahí en adelante, todo era del mapa.

San Antonio, (Texas); *Albuquerque,* (Nuevo México); *San Francisco,* (California), fueron los primeros descansos en el largo camino a recorrer. Doce horas después de haber contemplado el *Golden Gate,* sobre el inmenso océano Pacífico, expertos oficiales del ejército estadounidense estarían ofreciendo en Hawaii, la primera reunión informativa *(briefing)* en la Base de *Pearl Harbor.*

Guam y Wake

Extasiados por el ambiente paradisiaco de Honolulu, los modernos *marcopolos* avisoraban extensos trayectos hacia las diminutas islas de *Guam y Wake,* donde se libraron cruentos combates en la Segunda Guerra Mundial. Más tarde los esperaba *Manila,* capital de Luzón o Filipinas, con su intrincada mezcla de lenguas y dialectos y una moderna arquitectura que aun lucía huellas de las conflagraciones de los años cuarenta.

Saigón

El 12 de febrero, se presentaba en el aeropuerto *Tan Son Nhut* de la capital vietnamita el sargento hondureño *Miguel Angel Padilla Erazo* en calidad de intérprete y enlace de la delegación. Este oficial nativo de La Ceiba, departamento de Atlántida, pero enlistado en las Fuerzas Armadas de los Estados Unidos, fue desde aquel momento un inseparable miembro del grupo y atinado guía en los momentos apremiantes del bélico terreno. (En 1956, era nuestro compañero de micrófono en el primer espacio de noticias que fundamos en La Voz de Atlántida).

Saigón, hoy *Ciudad Ho Chi Minh,* de características parisienses como consecuencia del largo dominio francés, era una ciudad con altos y sobrios edificios, amplias y pavimentadas calles y avenidas, con centenares de miles de bicicletas desplazándose como principal medio de locomoción. Durante el día con una circulación normal, pero por las noches sumergida en mantos de sombra y soledad.

Atentados

Fue en la resplandeciente mañana del 13 de febrero, cuando la delegación hondureña tuvo su primera sacudida violenta. Había un viaje de observación a los campamentos de aliados, y mientras se esperaba el autobús para conducirlos al aeropuerto, la demora obligó al jefe de misión, entonces teniente coronel Mario Chinchilla Cárcamo a investigar la situación. Una llamada telefónica esclarecía el asunto: A pocas cuadras había sido detonada una bomba, impactando al automotor y dejando más de una decena de muertos y heridos por los aledaños. Afortunadamente el vehículo estaba aun vacío, porque no había tenido tiempo de recoger a sus pasajeros (nosotros) en el hospedaje.

La Voz de los Estados Unidos (**VOA**) transmitió la versión y otras informaciones de las actividades realizadas, gracias a la oportunidad que le dieron al autor de este reportaje para transmitir un resumen de tres minutos diarios a los estudios centrales en Washington, D.C. y al mundo entero durante esa semana.

Pasan los sustos

Sería largo enumerar todas las peripecias experimentadas en los humeantes sitios, en las silenciosas selvas erizadas de trampas (como en las películas); pero también en la propia urbe llena de atractivos bares y lujuriosos lupanares, que no era recomendable acceder a los foráneos, porque en su interior se escondía la muerte disfrazada de mil maneras.

Por eso, la invitación del generalísimo Chiang Kai-Shek a su encantadora *Taiwán*, fue como un refrescante baño para el espíritu asustado de los viajeros. Dos días en la misteriosa y subyugante *Hong Kong*, saboreando sofisticadas viandas, regateando en los bazares y mercados públicos de perlas, disfrutando los paisajes y confundidos en el hormigueante vaivén individual, comercial y bancario, antes de llegar a Formosa.

El gobierno de Taipei --con su proverbial cortesía, cultura y simpatía-- suplió los ingratos recuerdos de la semana sudvietnamesa, con casi igual tiempo de agasajos, tours y la inauguración del lujoso hotel *Mandarín* donde fue alojada la delegación catracha con todas las atenciones gratuitas. El ambiente de confraternidad y las cálidas demostraciones de amistad de sus habitantes, ha sido una inolvidable sensación de gozo y gratitud en los recuerdos.

El Sol Naciente

Después de China Nacionalista, la cercanía inspiró al embajador de Honduras en Japón, doctor Arturo Torres Wills, al arreglo de una visita a *Tokio*. La comitiva fue autorizada a viajar a la *Tierra del Sol Naciente* en forma extraoficial. Era como volver a estar en suelo patrio, por todas las gentilezas que el médico sampedrano y su familia prodigaron a sus compatriotas. En su residencia se saboreó el rico *tapado olanchano,* se bailaron el *xique* y la *punta,* se cantaron el Himno Nacional y *Candú,* y se combinaron el *zaque* con el *yuscarán.*

Dos días fueron suficientes para analizar la lejanía de la Patria y el tiempo transcurrido de los distantes hogares.

El retorno

Al girar la brújula, fueron apareciendo en medio del mar las islas *Midway o de los albatros,* nuevamente las edénicas *Oahu;* y en tierra, las ya transitadas ciudades del continente, hasta culminar la inolvidable aventura de regreso al país que nos vio nacer, partir y retornar,.....sin portar un seguro de vida. ¡Gracias a Dios, estábamos de vuelta, sanos y salvos!

Datos suplementarios

Esta gira se inició el 31 de enero de 1967 y concluyó el 4 de marzo del mismo año, completando un total de 117 horas de vuelo y una indefinida distancia en kilómetros recorridos.

Integraron la comitiva cívico-militar, como jefe, el teniente coronel *Mario Chinchilla Cárcamo* (después general de aviación); coronel Rubén Villanueva Doblado; mayores (después coroneles) José Serra Hernández, José Rosa Borjas, Edgardo Alvarado Silva y Oscar Luciano Mejía; capitanes (después coroneles) Héctor Aparicio Núñez y Julio César Bustamante; tenientes (después coroneles) Francisco Zepeda Andino, Diego Landa Celano, Rigoberto Regalado Lara y Rolando Mejía Garrigó; subtenientes (después capitanes) Ramiro Cárcamo C. y Miguel Angel Varela, y sargento Armando Molina.

Por la Cruz Roja Hondureña, capitán y abogado Félix Edgardo Oyuela. Y los periodistas Filadelfo Suazo (Diario EL DIA); Antonio José Valladares (Diario EL CRONISTA) y Wilfredo Mayorga Alonzo (Radio El Mundo).

(San Pedro Sula, Honduras, 8 de julio, 1984)

POSDATA

Este artículo nos fue solicitado el día martes 3 de julio de 1984, por la periodista MIRTHA TORRES DE MEJIA. Cinco días después aparecía publicado por primera vez, el propio domingo en que asistíamos a sus honras fúnebres, como consecuencia de un trágico accidente automovilístico en el que perdió la vida. Una prestigiada revista lo reprodujo en una edición de 1997 y también aparece en las páginas de nuestro primer libro, Perfiles Catrachos.

TOUR POR LA GRAN CIUDAD

Hacía un buen rato que no estábamos en San Pedro Sula, pero extrañábamos su temperatura ambiental, su agitado movimiento comercial y la calidez de su gente.

Como si fuésemos desconocidos, nos aventuramos por el centro de la ciudad y luego a su perímetro, como en los viejos tiempos cuando nos tocó vivir aquí por varios años, haciéndonos de un grupo de amistades cordiales, confiables e inolvidables.

Nos atrevimos a practicar el abordaje y descenso del transporte urbano y comprobamos que no ha variado mucho en su irregular servicio, en su control, ni en la renovación de sus unidades. Menos en el comportamiento de un buen número de conductores y ayudantes. Tomamos una ruta que sale de las cercanías del hospital Mario Catarino Rivas y nos bajamos a unas pocas cuadras del remozado parque Luis Alonso Baraona (así, sin "h" en medio, porque era el apellido del alcalde que ordenó su construcción). Tuvimos la tentación de sentarnos a contemplar la Catedral, el Palacio Municipal, el Pasaje Valle y desde donde se divisan, casi tocándolos con las manos, el Hotel Sula y el Banco Atlántida, como parte del paisaje citadino. Pero, mejor, no.

Volvimos a la estación de Maheco y tomamos un autobús hacia la Terminal Metropolitana, cuya moderna estructura más parece un *mall*, por la cantidad de negocios, la limpieza, el orden y el vaivén de la gente que procede y que viaja, desde y hacia el occidente, la capital y poblaciones de Atlántida y Yoro.

Con sólo acomodarse en la espaciosa sala de espera o en uno de sus restaurantes del nivel superior, ya se experimenta el esparcimiento que suelen buscar los pasajeros, antes de abordar las empresas urbanas, suburbanas e interdepartamentales. ¡Fue un acierto la construcción de esta Terminal!

San Pedro Sula bulle en construcciones, comercios, o trabajos independientes. Es tal la efervecencia, que los viejos mercados de Medina-Concepción, el Dandy o Guamilito, palidecen ante el movimiento caótico de las aceras y calles céntricas, que apenas dan el espacio reducido para el tránsito de peatones, mientras los miles de taxis, autobuses y carros particulares compiten por las vías, con su inconfundible crepitar de motores, sirenas y gritos.

No vimos en nuestra brevísima estancia un agobiante desempleo. Quizá no hubo tiempo para detectarlo, pero abundan los avisos ofreciendo trabajo, aunque la gente prefiere los gubernamentales —como en Tegucigalpa— porque estos son más fáciles de desempeñar, aunque más difíciles de conseguir.

Las cafeterías del centro estaban atiborradas de parroquianos frecuentes. No podía abstraerme de tan especial convivio, porque allí podía encontrar seguramente a mis viejos camaradas de oficio (prensa y radio), mientras se entretienen debatiendo los temas propios de esos lugares, sin los cuales el aburrimiento sería insoportable.

No cambiaría jamás el ambiente festivo y cordial que nos heredara la inolvidable Cafetería Atenas de los años sesenta, y que ahora nos obliga a participar, inevitablemente, en las tertulias cafícolas sampedranas con parroquianos puntuales como Gabriel García Ardón, Roberto Arturo Caballero, Héctor Manuel Herrera, René Velásquez Amador (en el Hotel Sula). Carlos Mario Herrera, Ponciano Paz, Salomón Salguero, Adelmo Argueta, Carlos Cornelio Montoya, Carlos Manuel Zerón, Armando Muñoz, Miguel Angel Bonilla, Silvano Hernández, doctor Bennaton Ramos, Fonchín Flores, Renán Espinoza, Félix Santos Anariba, el compa Raúl Villalta, Reyes Cáceres (en la Cafetería Pamplona). Unos pasos más para encontrarnos con Gustavo Moya Posas, Armando Avila Venegas, Mike Gutiérrez, el "Guato" Bográn y otros togados prestigiosos, Luis Eberhardt, German Madrid, don Enrique Turcios, German Morazán, Carlos Coello, Carlos Quezada, doctor Díaz Zelaya, don Abraham Martínez, Guilmor García, Reynaldo Mendoza, así como profesionistas y comerciantes distinguidos, en el Espresso Americano.

Abundan los restaurants elegantes y comedores típicos, en el centro, la periferia, la Terminal Metropolitana y en varios "malls". Fue, precisamente, en Galerías del Valle, donde dos días antes de regresar a los Estados Unidos, nos reunimos con nuestro dilectos amigos y excompañeros Edmundo Espinal Díaz y Julio César Dole Orellana, en una charla de cinco horas que fueron insuficientes para abordar los temas sólo interrumpimos para dar paso a los nunca bien escondidos recuerdos. *(Disculpen que la lista no abarque a más ciudadanos, siendo que la crónica es tan breve, y nuestra memoria demasiado atropellada).*

La Capital Industrial –así calificada por su desarrollo económico y la importancia en la hondureñidad—es considerada por propios y extraños, como la de más rápido crecimiento a nivel centroamericano, quizá porque allí no prioriza la política sectaria, sino el trabajo restaurador y la iniciativa de sus habitantes.

POSDATA

El lunar que por más de veinte años ha prevalecido en el centro de la ciudad con centenares de negocios informales, parece ser una de las prioritarias decisiones a tomar por el alcalde y su corporación de 2014--2018, junto con los dirigentes de los vendedores ambulantes, para vivir tranquila y productivamente en la ciudad del Adelantado. Los munícipes de años anteriores tuvieron la misma inquietud, pero no lograron detener la avalancha de mesas, estantes, tiendas de lona y el ímpetu que cobra vida cada día desde al amanecer hasta que se escapa el sol, con tal de sobrevivir a las visibles carencias de la vida cotidiana.

Esta vez, cada mañana, después de sintonizar nuestra recordada Radio El Mundo y escuchar a Jesús Vélez Banegas y su privilegiado equipo, en 'Comentando la noticia', dediqué las alegres tardeadas dominicales a deleitar mis oídos con la animación siempre profesional del binomio padre - hija, de Félix Amílcar Matute y Alba Ondina Matute Vásquez, en su incansable y alegrísima 'Cabina del aire'. Lo mismo hice por segmentos, sintonizando a Tito Handal y sus muchachos en deportes, de Radio Internacional, o a Jorge Oseguera improvisando las posibles soluciones a la problemática regional. Tuve mediodías bien informados con René Madrid, y noches polémicas resueltas por Neto Rojas y sus colaboradores, en Radio San Pedro. Capté Tele Diario de mi dilecto colega Gabriel García Ardón, ahora por Teleprogreso. Extrañé en esos cafés, eso sí, el espacio vacío donde solíamos sentarnos con el buen amigo, Raúl Caballero Oyuela, quien por su resentida salud ha dejado de concurrir a estas reuniones en el corazón citadino.

El 7 de enero del 2015, el primer magistrado de la nación, abogado Juan Orlando Hernández, anunciaba categóricamente la inversión de dos mil millones de lempiras en el megaproyecto "Siglo XXI" para la bien llamada "Capital Industrial" y todo el Valle de Sula, y el titular de la alcaldía sampedrana, ingeniero Armando Calidonio, se comprometía a desarrollar esa agenda con las manos puras y la dinamia que corresponde a su administración.

No nos detuvimos lo suficiente para poder abordar otros temas, pero como admiradores de San Pedro Sula, tenemos la esperanza de volver y aplaudir los procesos de cambio de una ciudad famosa porque sus alcaldes de antaño trataban de superar, cada uno, a sus antecesores, al arrullo de su marimba Usula y sus zorzales, ...pero sin dormirse en sus laureles.

DE VILLA, A CIUDAD Y MUNICIPIO

(Artículo referente a las reuniones celebradas por vecinos limeños interesados en el reconocimiento gubernamental como nuevo municipio del departamento de Cortés, en abril de 1981. Les damos los detalles de cómo fue la iniciativa y el logro de tan cívico y exitoso propósito).

La Ley de Municipalidades y del Régimen Político vigente, ha sido el fundamento para que todos los municipios de la nación desarrollen sus tareas jurídicamente normales. Pero habría que reconocer que algunos son tan paupérrimos que no disponen de fondos para emprender el desarrollo. Su presupuesto es tan raquítico que apenas alcanza --a veces-- para el salario del alcalde y los regidores, viéndose en aprietos para cubrir a los demás empleados, y no digamos las obras que necesitan las comunidades bajo su jurisdicción..

En cambio, hay otras que siguen supeditadas a la jurisdicción más próxima, pero con capacidad de independizarse por tener aldeas y caseríos que sufragan los tributos necesarios para una autonomía.

La aspiración ha sido manifiesta en varias poblaciones con el título de Villas que, desde hace tiempo, vienen luchando por convertirse en Corporaciones. Es el caso de La Lima, departamento de Cortés.

Para definir este asunto, los vecinos se reunieron en una masiva asamblea que calibraría la iniciativa con la presencia de algunos diputados, un ex-alcalde sampedrano y dirigentes políticos y comunales. De ahí surgió una directiva que empezó a gestionar por todos los medios posibles la aprobación por la que tanto habían luchado.

El 7 de marzo de 1981, reunidos en el instituto Ismenia, fue integrado el Comité correspondiente, en la forma que sigue: Presidente, Fernando Ching Navarro; Vicepresidente, Obdulio Cáceres; Secretaria, Elvia Aguilar; Prosecretaria, Martha de Enamorado; Tesorero, Alejandro Zavala (QDDG}; Fiscal, Quintín M. Martínez (QEPD}; Vocales, Maximiliano Paz, Ricardo A. Martínez, Gladis C. de Peña, Evangelina de Alvarez, José María Mendoza, Enrique Yañez, Faustino Caballero, Gustavo Sabillón, Gregorio Escoto, Mélida R. Rodríguez. CONSEJEROS: diputados Antonio Julín Méndez, José Dolores González y René Bendaña Meza, profesores José Francisco López y Dionisio Romero Martínez (QDDG} y P.M. Francisco Chavarría. PROPAGANDA: Roberto Williams (ROWI) y Francisco Hernández Velásquez.

Reconociendo que La Lima era un centro con importantes recursos comerciales, educativos y gremiales que podrían garantizar su condición de Municipio, el gobierno central emitió el Acuerdo número 1073, del 13 de noviembre de 1981, que fue publicado en el diario oficial La Gaceta el 15 de diciembre del mismo año, cobrando vigencia su calidad como décimo segundo Municipio del departamento de Cortés, bajo el gobierno del general Policarpo Paz García y como ministro de Gobernación el abogado Oscar Mejía Arellano.

=====

De conformidad con datos gentilmente proporcionados por la Oficina de Relaciones Públicas de La Lima, desde entonces pasaron a formar parte de su jurisdicción Campo Dos, Limones, San Juan Curva, Santa Rosa, El Zapote, Guaruma Uno, Las Mercedes, Colombia, Laurel, Caimito, La Bolsa, San Cristóbal, Guarumita, Corozales, Agua Prieta y Ceibita.

El 25 de febrero de 1983, siendo presidente de la república el doctor Roberto Suazo Córdova y ministro de Gobernación, O. Mejía Arellano, reformaron el numeral 1 del acuerdo 1073, anexándole nuevos territorios, como El Lupo, Copén, San Juan Tacamiche, Indiana, El Paraíso, Flores de Oriente, Cruz de Valencia y Mopala.

El 19 de septiembre de 1983, mediante decreto número 162/ 83, se le concedió el título de Ciudad, estando como titular del Congreso Nacional el abogado Efraín Bu Girón.

Por referencias fidedignas, La Lima tuvo como primeros pobladores desde 1871, a Francisco Aguiluz, Jerónimo Escobar, Apolonio Bonilla, Raimundo Contreras, Miguel Herrera y Salomé Cruz. El 29 de marzo de 1923, se anexó al municipio de San Pedro Sula, y su condición de Villa se la concedieron por Decreto número 75 del Poder Legislativo, el 12 de febrero de 1954, siendo aun presidente del Ejecutivo el doctor Juan Manuel Gálvez.

En 1912, La Lima era una aldea perteneciente al municipio de San Manuel, que fue cobrando auge acelerado desde que la transnacional Tela Railroad Company (subsidiaria de la United Fruit Co.} instaló ahí sus oficinas principales y comenzaron a llegar comerciantes y ciudadanos de otras regiones y países, para convertirla en un enclave de desarrollo norteño que culminó en el crecimiento prodigioso de Lima Vieja (sector norte} y Lima Nueva (al sur}, apenas divididas por un puente de Bailey que resisitió las gigantescas embestidas del caudaloso Río Chamelecón.

Hemos de acotar, que en este Municipio nació el más pujante sindicato obrero centroamericano --- el SITRATERCO--- y que en sus terrenos opera uno de los aeropuertos internacionales más calificados, como es el "Ramón Villeda Morales".

CORPORACIÓN MUNICIPAL DE LA LIMA, CORTES, 2014—2018:

ALCALDE MUNICIPAL: Doctor Astor Adolfo Amaya Fuentes

VICE ALCALDE: Señor José Leonardo Viera

REGIDOR: Lic. César Adolfo Funes Ochoa (Comisión de Educación, Arte, Cultura y Depores}

REGIDOR: Doctor César Alonso Lara (Comisión de Salud}

REGIDOR: Señor Hipólito Fernández Fernández (Comisión de Servicios y Obras Públicas}

REGIDOR: Lic. Ricardo Rivas (Comisión Vial}

REGIDOR: Señor Orlando Molina (Comisión de Seguridad}

REGIDOR: Señor Concepción Bonilla (Comisión del Medio Ambiente}

REGIDOR: Señor José Evaristo Euceda (Comisión de Titulación de Tierras}

SECRETARIO MUNICIPAL: Profesor Alex Dagoberto Cabrera

RELACIONES PÚBLICAS: Licenciada Miriam Elizette Rodríguez Cálix

LA INCULTURA: ¡A LA BASURA!

Quien disponga del tiempo suficiente para recorrer los lugares públicos, las carreteras y los paseos de las ciudades, se sorprenderá --si es que no lo ha hecho ya-- cuando su vista repase la variedad de deshechos que son arrojados indiscriminadamente por los eternos oficiantes de la incultura del desaseo.

Los parques, playas, edificios en construcción o abandonados, solares baldíos, edificios gubernamentales, bordos de contención, hidrantes, son-- entre muchos-- los escenarios escogidos por los amantes del desorden y la suciedad, para desafiar las normas civilizadas de una sociedad moderna.

Resultan inútiles las campañas que las autoridades, los medios de comunicación y las instituciones sociales emprenden para que se depositen los desperdicios diarios en los sitios que les corresponde. Entre tanto, el ciudadano común y hasta profesionales hacen caso omiso de las disposiciones ambientalistas.

Los operativos de limpieza que se ejecutan en los vecindarios de algunas ciudades, no han tenido las repercusiones que se esperaban.

La Ley de Municipalidades contempla atribuciones que van desde ordenanzas para limpieza de solares enmontados, hasta la operación de un "tren de aseo" que tiene su propio impuesto, en un afán supremo porque los barrios, las colonias, el centro y la periferia luzcan atractivos y seguros. Pero no.

Véase el comportamiento de los pasajeros del transporte urbano e interurbano de cualquier población de Honduras, quienes, en lugar de guardar los recipientes de comidas y bebidas para depositarlos después en los drones respectivos, lo que hacen es arrojar por las ventanas las bolsitas plásticas, las envolturas de alimentos, caramelos y gomas de mascar, como si fuera algo natural y aprendido en sus hogares. Los dueños de esas empresas (algunos) que ni siquiera ponen dentro del autobús una caja receptora de desperdicios, tienen gran parte de culpa.

¿Y qué nos dicen de los peatones que, irresponsablemente, dejan caer, sobre las aceras y las calles, las cáscaras de frutas, papeles y otra clase de menudencias, al no hallar dónde depositarlas, porque se roban los recipientes o porque así es la costumbre?

"Una ciudad limpia es una ciudad sana", es el lema de una institución que lucha contra la inmundicia. Muy bonito el eslogan. Pero, parece que no se oye. Es más cómodo que otros lo hagan.

(La Ceiba, Honduras, 18 de noviembre, 2000)

VÍNCULOS CON NUEVA ORLEANS

Louisiana ha sido por más de una centuria, como segunda tierra de promisión para centenares de familias hondureñas radicadas en las vecindades del río Mississippi, desde que a finales del siglo XIX se iniciara el cultivo del banano y su comercialización con los Estados Unidos.

Propulsores de esta relación fueron las familias Vaccaro y D'Antoni, cuyos capitales lograron amplias concesiones para fundar las transnacionales que convirtieron la costa norte en un emporio del *"oro verde"*, o banano y. el arribo de .millares de ciudadanos procedentes de Estados Unidos, Italia, Francia, Alemania, España, Belice, Jamaica, de diversas zonas de Centro América y del territorio nacional.

Así fue como La Ceiba, la bella población del atlántico hondureño, se convirtió tácitamente en la hermana gemela de Nueva Orleans, por ser aquella punto de partida de las exportaciones, y ésta la sede ejecutiva de las compañías bananeras.

En los umbrales de 1900, el comercio frutero ya daba señales de un deslumbrante negocio. La Standard Fruit Company y otras empresas similares, contribuyeron a ciertas transformaciones, con la construcción de líneas férreas para trasladar la fruta a los puertos inmediatos; comisariatos para surtir de comestibles a los *"campeños"*; fábricas de refrescos, manteca y jabón, cervezas, cigarrillos, azúcar, zapatos, cartón que, combinadas con bancos, centros hospitalarios y otras infraestructuras, fueron instrumentos de desarrollo en las comunidades productoras.

Con sus vapores *Contessa, Cefalú y Amapala* haciendo cruceros por puertos caribeños, se fue ampliando y mejorando el turismo internacional. De ahí que promoviendo el transporte marítimo por el área, las Antillas y los EE.UU, facilitaba los viajes de sus altos ejecutivos, empleados y sus familias, con permisos para gozar sus jubilaciones en el Estado sureño.

Kenner, Metaire, Marrero, Baton Rouge, son comunidades pobladas por hondureños de ayer y descendientes de hoy, que siguen pensando y hablando en español e inglés; que no olvidan las costumbres y el modo de vida de sus ancestros, pero enmarcados ya en una estructura bicultural.

(Tegucigalpa, Honduras- 12 de septiembre, 2005)

EL SUEÑO AMERICANO

Muchos han oído hablar del tema, pero pocos son los que lo comprenden a plenitud. Por largo tiempo, la gente de escasos y medianos recursos ha buscado mejorar su calidad de vida recurriendo a diversas vías, que son el esfuerzo constante, la ilusión y las ansias de superación.

La obsesión de vivir en condiciones más dignas, ha obligado a infinidad de ciudadanos a abandonar hogares, familias y pueblos. Los habitantes de las áreas rurales, donde debiera estar la mayoría de la población porque es la proveedora de los alimentos básicos, han abandonado las tierras labrantías para ubicarse en las urbes, donde llegan a conformar barrios marginales y villas miseria a la orilla de los ríos, como otro apéndice más de la problemática que ya tienen las autoridades urbanas.

No es difícil encontrar aldeas y caseríos habitados únicamente por mujeres, niños y ancianos, porque los hombres jóvenes saltan las fronteras, acicateados por esas pandemias que constituyen la pobreza, el hambre y el abandono en que los sumen los gobiernos disimulados.

En las metrópolis, el panorama es más desolador. Allí, los recién llegados, reciben el poco aprecio del vecindario, la indiferencia de la sociedad y el estrecho favor de los servicios públicos, que deben compartir entre nuevos pobladores. Cuando logran salir del país, atraídos por la ilusión del dólar que --según les han dicho maliciosamente, rebota en las calles norteamericanas--, su martirologio es indescriptible. El largo, peligroso e inseguro recorrido por las fronteras vecinas, no los hace desistir. Preferible la riesgosa aventura con la utópica creencia que más adelante encontrarán el oasis donde abrevar las limpias aguas de un futuro mejor.

La fértil imaginación de los humildes trashumantes, los induce a soñar con ricas oportunidades laborales; con viviendas ampliamente amuebladas; con automóviles nuevos y con suficiente dinero para enviar a los seres que dejaron atrás. Y por eso emigran. Y por eso sufren. Y por eso luchan, triunfan o fracasan.

Triste es reconocerlo, pero ese flujo de hombres, mujeres y hasta niños, no encuentra generalmente el báculo en donde sustentar sus anhelos. El desengaño es más doloroso cuando ya se está en suelo extraño, con idioma, costumbres y culturas diferentes; ante el acoso de la vigilancia fronteriza, y entre la espada y la pared.

El secreto del *"sueño americano"* ya no es el que tuvieron los inmigrantes irlandeses que arribaron en el 'Mayflower' en 1620. Ese ideal se ha convertido en un verdadero calvario para quienes pretenden descubrirlo y beneficiarse.

Todos soñamos. El pobre, con la riqueza; el niño, con juguetes que no pueden comprarle sus padres; el que tiene ambiciones, con alcanzarlas. Los sueños satisfacen nuestros deseos.

El refranero popular apunta que "soñar no cuesta nada"; pero, en realidad, muchas veces cuesta caro.

(Tegucigalpa, Honduras- Última semana de agosto, 2010)

POSDATA

Cuatro años después de haber publicado este articulo, las páginas de los periódicos, los noticieros internacionales y las pantallas de televisión, volvieron a enfocar el tema, pero con más detenimiento en los emigrantes menores de edad. Cientos de miles de niños procedentes de Guatemala, HONDURAS y El Salvador, eran detenidos en su peregrinaje hacia los Estados Unidos...!en busca de sus padres!

Menudo paquete de sorpresas se encontró el gobierno del presidente Obama de la noche a la mañana, cuando los funcionarios de Inmigración le informaron que los albergues ya no daban abasto a la mayoritaria población infantil jamás encontrada en las fronteras del sur norteamericano, y la necesidad de retornar a sus países de origen a estas criaturas que, inocentemente, clamaban por reunirse con sus progenitores que ya estaban en suelo estadounidense, pero que no podían volver a su tierra original porque eran indocumentados.

Si con la inmigración adulta, este ha sido un agudo problema para el Tio Sam, ¿Qué podemos pensar de las soluciones a encarar con estos miles de "sobrinitos"? Aún, en esta situación, la Reforma Migratoria sólo cabe hasta hoy en las promesas de los políticos, pero con más ahínco y desesperación en los seres que, desafiando los peligros y hasta la muerte, no detienen su intento por sobrevivir en un mundo de violencia, desocupación y miserias. ¿Qué les espera a esos niños que intentaron reunirse con sus padres y fueron devueltos?

A todo esto, ¿Cuál es la pena que corresponde a los llamados "coyotes"; los únicos que se lucran con la necesidad de esta gente?

PALADINES DE LA HISTORIA

Sin que establezcamos sólo analogías, estas son dos figuras de la historia que no pueden ignorarse, por sus méritos, sus epopeyas y sus glorias, aunque con las debilidades de los seres de carne y hueso.

Octubre es un mes significativo para Honduras y los países vecinos. El día 3, recuerda el nacimiento de Francisco Morazán Quezada, el máximo caudillo y héroe de la unidad centroamericana. El 12, lo es para los americanos todos, como la fecha en que se descubrió nuestro continente. Y también para todo el mundo, porque un 24 de ese mes se fundó la Organización de las Naciones Unidas.

Como Bolívar, San Martín, Sucre y Martí, Morazán desafió inexcrutables montañas y caudalosos ríos, evadió tempestades y venció poderosos intereses, para culminar con una integración que aun sigue manifestando cierta precariedad. A estas alturas, muy pocos jóvenes --a quienes legó sus ideales-- están familiarizados con sus luchas y sus triunfos en Las vueltas de El Ocote, San Pedro Perulapán, Gualcho, Las Charcas y La Trinidad. Su memoria no ha sido exaltada hasta ahora, ni en las universidades ni en la calle.

Tampoco se han emitido ediciones antológicas, a no ser por algunos escritores que le han dedicado volúmenes patrióticos. ¿Dónde están las exposiciones pictóricas, las conferencias ilustrativas, los poemas universales y la cátedra permanente en las escuelas, colegios y centros superiores? Las celebraciones patrias --con sus excepciones-- son esperadas ansiosamente, más por sus feriados y desfiles, que por su motivación original.

La fraternidad entre los gobiernos de la región da pasos muy lentos y la visión del máximo exponente de la Unión sigue marchita, enmarcada solamente en las páginas de la historia, que no podrá negarle un rincón justificadamente merecido.

En cuanto a Cristóbal Colón, el personaje continúa siendo para unos un hidalgo caballero; para otros, un sanguinario que no descubrió nada, porque estas tierras ya estaban pobladas; que sólo fue un "encuentro" con otros seres y con otras latitudes.

Sin embargo, el medio millar de años desde aquella gesta, ha transcurrido entre batallas verbales, en actos compartidos y rechazados, como si la realidad fuese un invento de los historiadores; y las conquistas, un libreto exclusivamente redactado para el cine y la especulación. ¡Las cinco centurias anteriores tienen un significado humano que nadie puede ignorar!

Ni la America colonizada, ni la Centroamerica morazanizada, pueden negar que otros hubiesen sido sus destinos sin la intervención de estos dos prohombres.

Los nombres de Morazán y Colón, continúan debatiéndose entre generaciones, con admiración o rencor, pero sin olvido. Octubre es el mes que los glorifica. La historia no se escribe ni se lee, sin reparar en sus gestas.

(Los Angeles, CA, octubre, 2002)

CENTRO AMÉRICA ¿INDEPENDIENTE?

Cuando José Cecilio del Valle, conocido como *El Sabio* hondureño, redactaba el Acta de Independencia para ser leída la mañana del 15 de septiembre de 1821, estaba consciente que semejante decisión era aún inmadura para Centro América.

Lo había expuesto repetidas veces en su periódico *El Amigo de la Patria,* en otras publicaciones y entre conciliábulos, pero estaba cumpliendo con el deber de escribir el texto de una resolución tomada por la mayoría, y él era respetuoso de la democracia, aunque en el fondo no compartía lo que estaba definiendo con su puño y letra.

Los brotes libertarios habían surgido diez años atrás en El Salvador, con el sacerdote José Matías Delgado y los hermanos Aguilar, empujando los movimientos que ya no admitían posposición. Era un reguero de ideas dispersas por toda el área y así estaban en esa magna fecha en el Palacio de los Capitanes Generales, en Antígua Guatemala.

El brigadier español, Gabino Gaínza, oyó impávido la proclamación y estuvo de acuerdo en firmarla junto a los patriotas José Francisco Barrundia, Pedro Molina, Dolores Bedoya de Molina, Manuel José Arce, Mariano Gálvez, Miguel Larraynaga, José de Aycinena, Pedro Beltranena y otros encendidos partidarios cuyos nombres figuran en los anales de la memorable epopeya.

Guatemala, El Salvador, **Honduras**, Nicaragua y Costa Rica, se creían preparadas suficientemente para la emancipación y para formar un gobierno descentralizado en jefaturas estatales, en tanto se emitía una Carta Magna y otras leyes secundarias. Pero la euforia de ese momento no duró lo que se esperaba. Cuando Francisco Morazán, otro hondureño que se apasionó por la causa, tomó las riendas de la Federación, encontró dura oposición en la aristocracia, el clero y los políticos que, finalmente, dieron al traste con la vida del héroe y con la aspiración unionista.

Más de cien años después, las reformas morazanistas parecieron cobrar vigencia con la Organización de Estados Centroamericanos (ODECA), el Mercado Común Centroamericano (Mercomún), la Confederación de Ejércitos Centroamericanos, el Banco Centroamericano de Integración Económica, el Parlamento Centroamericano, que fueron concebidos con los mejores propósitos, pero que no han llegado a nivelar las economías ni las condiciones sociales de los pueblos afiliados.

Aunque el sueño morazánico ha tenido etapas de olvido y renacimiento, Centro América parece recuperarse del letargo en que la sumieron las asonadas guerreristas y los gobiernos dictatoriales. El objetivo primordial es consolidar su propio bloque integracionista, al estilo de Europa o Estados Unidos.

Es bueno reflexionar en estos momentos, si después de transcurridos estos años, la región está lista para sepultar la miseria, la dependencia, la violencia y el subdesarrollo. El poeta chileno, Pablo Neruda, nos recordaba en un verso que, todavía *"Alta es la noche y Morazán vigila"*.

(Los Ángeles, California, septiembre 2013)

LA HONRADEZ DE CABAÑAS

Cada vez que ingresamos al mes de las festividades patrias, lo primero que se nos ocurre pensar es en la independencia de cada individuo, que es el punto de partida de toda libertad ciudadana.

La honradez, la confianza y la dignidad para sentir independencia, están en la actitud de los hombres y mujeres, y en sus virtudes y valores auténticos. **José Trinidad Cabañas**, es uno de esos ejemplos. Aunque sólo se desempeñó como un simple soldado de las huestes morazánicas, llegó a reunir los méritos necesarios para ser presidente de Honduras y de El Salvador.

La riqueza de los bienes materiales no lo cegaron. Pensó y actuó en beneficio de esos pueblos; tanto, que rechazó las pensiones que le correspondían como ex-gobernante, y llegó a repartir su pobreza hasta regalar su camisa, tal como se conocen las leyendas memorables.

Nuestra juventud conoce muy poco de estos héroes, ante la poca o ninguna enseñanza que se les prodiga en estos tiempos sobre sus vidas y obras. Los jóvenes hoy --con sus excepciones-- son expertos en cuestiones tecnológicas (que no tiene nada de malo), pero desconocen la Cívica y la Moral que otrora se concentraba en la historia patria y en el comportamiento individual.

En las protestas públicas y callejeras, portan orgullosos los estandartes ajenos al patriotismo, e invocan redentores que no aparecen en el calendario cívico hondureñista. Invocan a ideólogos de extrañas convicciones, pero olvidan a Lempira, Valle, Morazán y Cabañas. Se comprueba, que las malas imitaciones son más fáciles de aprender que la misma historia nativa. Los buenos ejemplos no cunden con tanta rapidez.

La desconfianza en las instituciones parece ser la consigna de las actuales y futuras generaciones. Emular al "Caballero sin miedo y sin tacha", es muy difícil en estos tiempos de corrupción, de codicia y de ambiciones personales. Hay que tener gallardía, valor y patriotismo, para sentirnos dignos de un destino mejor.

Si se lograra la devolución de toda la riqueza que han acumulado los corruptos, Honduras sería un país ideal para vivir con dignidad, desarrollo y prosperidad. Aquel lema que aparece en nuestro Escudo Nacional "Libre, Soberana e Independiente", no sería un simple eslogan, sino la garantía que nuestra tierra es y será respetada sin mancilla alguna, dentro y fuera de sus límites territoriales.

A casi dos siglos de la emancipación política que lograron nuestros caudillos en 1821, es preciso que se recapacite en la grandeza y sinceridad de sus ideas. Y que se induzca a la niñez y a la juventud hacia el conocimiento profundo y el estudio constante de lo que constituye servir a la Patria, sin servirse de ella.

Henry Ibsen, el célebre escritor noruego, decía que "El dinero, fruto del trabajo honrado, es una solución a muchas necesidades y una bendición para hogares y familias. El mal habido, sólo trae envidias, traiciones y remordimientos".

¡Cuidado! También puede comprar conciencias.

(Tegucigalpa, Honduras. -Septiembre, 2010)

LOS MUNDIALES DE HONDURAS

El Campeonato Mundial de Fútbol 2010 feneció el domingo 11 de julio de aquel año, difuminado en esperanzas para unos, y en frustraciones para otros. Fueron treinta días de intensos sístole y diástole futbolísticos; como dicen por ahí, llenos de sangre, sudor y lágrimas, al no enmarcarse en la antigua máxima de Juvenal: "Mente sana en cuerpo sano".

Mientras los expertos recomiendan no confundir el deporte con la política, es inevitable que los políticos dejen de mezclarse en espectáculos que, como el Mundial, son aprovechados para robar cámaras y micrófonos, y para darse unas vacaciones fuera de sus actividades burocráticas…con todo y familia, colaboradores y hasta mascotas.

La razón para que algunas naciones, como la nuestra, se hayan ganado el derecho a participar entre las 32 mejores del orbe, la explica Margarita M. Montes, en su artículo 'El Poder del Mérito', quien señala claramente que *"el 75 por ciento de los participantes son países con un nivel alto o muy alto en desarrollo humano"*. Y, ¿Honduras, lo es? Lo más seguro, que no. Pero hasta el 26 de mayo anterior ocupaba el lugar número 38 del ranking de la Federación

Internacional de Fútbol Asociado; aunque entre Bolivia e Indonesia, su posición era la 112 en el índice de desarrollo humano del PNUD (Programa de las Naciones Unidas para el Desarrollo).

Tenían que producirse novedades en Sudáfrica. Y las más significativas podrían ser: a) el acelerado retorno a casa de los principales líderes del torneo, Italia y Francia, a la sazón flamantes Campeón y Subcampeón entonces reinantes; b) la renuncia o despido inmediato de uno que otro entrenador; c) las pálidas actuaciones de los jugadores mejor pagados de la Tierra, Cristiano Ronaldo, Kaka y Messi.

Se demuestra que los resultados de estos deportes no son producto de cábalas, apuestas o promesas virtuales. A veces, ni los directores técnicos prevén el porvenir, mientras sus pupilos --los verdaderos autores de los goles-- cuidan sus físicos para garantizar los jugosos contratos, ante la rudeza de este deporte que, razonablemente, se juega más con los pies que con la cabeza.

Dentro de otro cuatrienio, los brasileros serán anfitriones del deporte mundial y tratarán de recobrar el honor y un sexto campeonato. Tras ruidosas "vuvuselas", sólo quedará el recuerdo de ensordecesores días y noches; mientras llega la temporada de practicar la "'samba" y "el bossanova"

(Nueva Orleans, julio, 2010)

POSDATA

Honduras volvió a figurar entre las 32 mejores selecciones del mundo, al ganar su tercera participación en el Mundial 2014, celebrado en Brasil, y el pueblo soñó que esta vez llegaríamos, por lo menos, a participar en los octavos de final. Esas esperanzas se diluyeron en la entrada, al ser vencidos por Francia tres goles por cero. Y la salida definitiva se precipitó, cuando Ecuador impuso su poderío para que, finalmente, Suiza nos dejara en la lona con otro contundente triunfo que, inevitablemente, mandó a los catrachos de regreso a casa.

Los comentarios huelgan, como siempre, después de justas deportivas de esta magnitud. El futuro de nuestra selección mundialista quedó en manos del entrenador costarricense, Hernán Medford, quien --no obstante sus honorables credenciales-- tampoco rindió lo que los funcionarios del deporte y el pueblo esperaban. Fue así —como a finales del 2014— se contrató a José Luis Pinto (el tercer colombiano en este desafío) en lo que ya no se considera un experimento, sino una larga cadena de pruebas que garanticen la participación de Honduras en el más grande evento mundial del deporte rey, como es considerado el fútbol.

¡Con la "H" –aunque sea muda--, hablará toda HONDURAS!

SÍNDROME DEL NOSTÁLGICO

El hombre tomó asiento a nuestro lado y después de un saludo breve y suspicaz, comenzó a leer el diario que traía doblado bajo el brazo. Dedujimos que se trataba de un latinoamericano. Repasó los titulares de primera página y de otras interiores, e hizo inmediatamente un comentario con la intención de que lo oyéramos.

"¡Lo mismo en todas partes; sólo malas noticias!" Y nos dirigió la mirada, como si quisiera entablar un diálogo formal.

Después, más directamente, nos preguntó si hablábamos español, y se volvió de nuevo a la lectura por un minuto. Dejó el periódico a un lado y se acomodó mejor, para insistir en otras interrogantes; sobre nuestro origen, si éramos residentes legales, si trabajábamos, dónde vivíamos. Le respondimos, que teníamos varios lustros de ser domiciliados en el Estado, que estábamos retirados y que nuestra vida allí no había sido fácil, con trabajos duros y desconocidos.

"Algo así me ha ocurrido", dijo, sobresaltándose. *"A eso se debe la amargura de mis facciones y mi andar taciturno. Tengo más de una década de haber llegado de*......*, y el* sueño *que me contaron ha sido una larga pesadilla. Tengo ansias de volver a mi país, porque aquí soy como cero a la izquierda. Allá soy* alguien; *acá soy* nadie. *Paso añorando mi Patria, aunque las noticias sean desconsoladoras, y cada día vienen más compatriotas por la difícil situación ".*

Durante los 25 minutos que duró el trayecto, pudimos deducir el gran conflicto emocional que libraba nuestro interlocutor. Había tenido una infancia feliz, pero pobre; una juventud encantadora, y pobre. Tenía un título superior, que no había podido revalidar. Ahora estaba en la disyuntiva de conocer si su vejez sería tranquila. Se encontraba en una tierra a la que muchos deseaban arribar, porque era *vox populi* que el dinero superabundaba, y los trabajos se ofrecían a montones. En pocas palabras, era como descubrir el otro extremo del arco iris, para encontrar la olla rebozante de oro. Pero, como tantos emigrantes, se convenció que no era tal la suerte que muchos envidiaban.

El hombre --que caminaba irremisiblemente hacia la cumbre de su edad cronológica-- ya no se sentía feliz. No era dichoso, porque se había vuelto un dependiente de la familia donde vivía; ya no contaba con la edad conque llegó para rendir en los trabajos, ni con la documentación para hacerse residente o ciudadano. Estaba entre la espada y la pared, y no se atrevía a retornar a su país para no dar su brazo a torcer. Sería entonces un derrotado. En su patria no tenía nada, porque lo había vendido todo para ese viaje que lo trajo a la abundancia…, pero de la desesperación y el fracaso.

En pocos minutos nos había abierto el libro de su vida, pero con un final pesimista. Hubiese querido recuperar la dignidad perdida y el relativo éxito que tuvo como profesional en su pueblo, que acá no se determinaba. En esas cavilaciones estaba el personaje de esta historia, cuando reparamos que el *Metrorail* anunciaba la estación del *Downtown* de Miami. Allí nos quedábamos, pero él seguía hasta la terminal sur.

Nos regaló el ejemplar del diario que estaba leyendo y, al hojearlo, encontramos esta lectura: *"En mi país era muy rica, sobre todo en valores; tenía un buen trabajo, amigos, una gran familia y era muy conocida. Ahora es lo contrario. Soy ama de casa, vivo en un condominio y no conozco ni el nombre de los vecinos. No me quejo, porque todo ésto ha permitido revisar mi vida".*

Era el fragmento de una consulta formulada a la sección que publicaba el ex-sacerdote católico (ahora Episcopal) Alberto Cutié en *El Nuevo Herald*, quien recomendaba lo siguiente: *"No dejes nunca tus tradiciones, y no permitas que la riqueza de tu cultura natal desaparezca de tu hogar".*

-- IV --

TRIBUTO LÍRICO

CON AMOR INFINITO A LA PATRIA QUE NOS ABRIÓ SU SENO PARA NUESTRO NACIMIENTO. ETERNA GRATITUD, A LOS PUEBLOS DE HONDURAS QUE NOS DIERON ALIENTO, CARIÑO y HOSPITALIDAD, MIENTRAS CRECIMOS, NOS DESARROLLAMOS Y ESTABLECIMOS TEMPORALMENTE NUESTRAS TIENDAS DE CAMPAÑA.

ALGUNOS DE ESOS SITIOS HIRIERON NUESTRAS RETINAS CON ÍNTIMOS RECUERDOS Y OTRAS REFLEXIONES; NOS DIERON LA PAUTA PARA ESCRIBIR ESTOS VERSOS QUE NO ESTÁN SUJETOS A LOS CÁNONES LITERARIOS, PERO TAMPOCO SE ESCONDEN A LA CRÍTICA BIEN INTENCIONADA.

TRIBUTO A HONDURAS

Patria hermosa y campechana,
como el sol de la mañana
que rubrica un nuevo día.
En tus valles y montañas
se iluminan las entrañas
de una real soberanía.

Es VALLE, clarividente,
exponiendo sabiamente
la inexorable verdad.
Y un MORAZÁN sin reveses,
esmerándose con creces
por sostener la unidad.

LEMPIRA, puro coraje
contra el dolor y el ultraje
de los fieros invasores.
Nuestro ESCUDO nos defiende
como tea que se enciende
con sus ancianos valores.

Es su bicolor BANDERA,
fiel insignia. La primera
en paz y fraternidad;
el gonfalón que flamea
sobre un suelo que desea
Dios y Patria y Libertad.

En lo blanco, cinco estrellas,
En el azul las más bellas
pruebas del amor natal.
Y en su fervor sacrosanto
ese patriótico canto
que es el HIMNO NACIONAL.

Desde el sur hasta occidente,
desde el norte hacia el oriente,
se experimenta el calor
de su gente entre dos mares.
Y en la luz de sus altares
brillando siempre el honor.

Del centro a la periferia,
nuestra HONDURAS está en feria
de regocijo absoluto.
En mi corazón hay fiesta
cuando la razón se apresta
a rendirle este tributo.

Sin caos y sin violencia,
con fe, confianza y paciencia,
por su futuro esplendor,
este cálido mensaje
es nuestro humilde homenaje
del más encendido amor.

LA CEIBA

Como gaviota desafiando vientos
al unísono de la mar bravía,
La Ceiba se contempla en la bahía
extasiada de nobles pensamientos.

Como princesa de increíbles cuentos.
Como nota de dulce melodía,
tranquiliza su mar al mediodía
y por la noche arde en sentimientos.

Así es el pueblo, amable y consentido,
gentil, gracioso, a veces atrevido,
inspirador de música y canciones.

En las playas, es cándida sirena.
Por las noches, es luz de Luna llena.
Y en el día, es Sol de tentaciones.

OLANCHITO

Susurrando El Aguán salmos de gloria
que secunda El Pacura, por su lado,
a Olanchito, el destino le ha confiado
ser cuna de tribunos con historia.

Entre tanto, su pueblo hace memoria
de vibrantes recuerdos del pasado.
Redescubre en sus álbumes, guardado,
el civismo de su estirpe meritoria.

Es su jamo cultor de paladares,
entre tantos exóticos manjares
que la vianda folclórica conquista.

Ciudad Cívica, sincera y propulsora,
idealista, cordial y soñadora,
Eternamente culta y humanista.

ISLAS DE LA BAHÍA

Como perlas de una tierra concebida
por la mano suprema del Creador,
estas Islas son lámparas de amor
colgadas a las vigas de la vida.

Amuletos de la mar desconocida,
mancillados al paso arrollador
por aquellos corsarios del terror
que sembraron la muerte genocida.

Roatán la líder, Utila subyugante,
Guanaja en la distancia, fascinante,
luciendo los colores nacionales.

Territorios de edénicos paisajes,
que lucen en el mapa los celajes
en volutas de algodones siderales.

TELA

Sobre el perfil turístico trajina,
irradiando calor entre la arena;
sortea los problemas y, serena,
afronta el porvenir y se ilumina.

Fue un día la triste golondrina,
atrapada entre la blanca arena,
mientras tanto con su triste pena
se debatía en sórdida rutina.

Fue la gaviota que al perder su nido
volvió gozosa de su triste olvido
al generoso hogar del Mar Caribe.

Hoy es lugar ideal donde el turista
mira horizontes vastos y conquista
las visitas continuas que recibe.

TRUJILLO

Antañona ciudad de "miradores"
que copia en el espejo de su mar;
los archivos de un sueño secular
y se asoma con nuevos resplandores.

Metrópoli de hispánicos valores,
con títulos de gloria tutelar.
En sus cumbres parecen estallar
los cañones de antiguos invasores.

Ungida Capital por estrategia,
ahora se detiene ante la regia
potestad de una época dorada.

Por eso la bahía cobra brillo
con el turismo que el colonial Trujillo,
nutre sus playas en colosal jornada.

EL PROGRESO

Bajo el domo azulado de su cielo
que conversa con sus clásicas alturas,
se pueden discurrir mil aventuras
a lo largo y lo ancho de su suelo.

El Ulúa recorre con anhelo
la dilatada costa de Guaymuras;
humedece sus tierras y llanuras
y prolifica esa región modelo.

Al recuerdo de cada aniversario,
la vieja torre de su campanario
a la urbe solemniza y perpetúa.

Su desarrollo es raudo, y es por eso,
que lleva justo el nombre de EL PROGRESO,
la inigualable "Perla del Ulúa".

PUERTO CORTÉS

El valor del trabajo sublimiza
y concreta su vínculo marino;
este puerto es consciente del camino
que el fragor de las naves maximiza.

Tras la señal de El Faro se divisa
la ruta que ha trazado su destino:
una Portuaria que milagrosamente vino
a rescatar el fulgor de la ceniza.

Sale del fango y cae en La Laguna,
sus muelles cargan frutos y fortuna
hacia destinos de un porvenir mejor.

El nombre de CORTÉS es sabia herencia,
que ha mantenido viva la presencia
de aquel bravo y audaz conquistador.

SAN PEDRO SULA

*Dinámica ciudad de contundentes
y progresistas obras, y eclosiones
de luces, matices y emociones
que sacuden sus fibras imponentes.*

*En sus rasgos hay huellas evidentes
del quehacer cotidiano. Tiene opciones
que van desde la gama de opiniones
hasta un grupo de cerebros exigentes.*

*Cálido pueblo de embriagante ritmo,
que crece incontenible por el Istmo,
como si fuese una sexta capital.*

*No imaginó Don Pedro de Alvarado
que en su misión había estructurado
otra urbe de importancia sin igual*

LA CAPITAL

Prototipo de herencia castellana,
es la cultura innata de su gente.
Abre los brazos a todo el Continente
y saluda con bríos al mañana.

Por unir a esta franja americana,
fue inmolado su hijo más valiente,
que desnudó la espada refulgente
defendiendo una causa soberana.

Ciudad de las canteras. Urbe culta.
Un sin fin de picachos le sepulta
en la pátina de una época pasada.

Eximia Capital, arca de honores,
evocada por múltiples cantores
y por todos sus hijos aclamada.

APARICIÓN DE SUYAPA

Duerme el caserío con dicha serena,
cuando --de repente-- el diestro labriego
percibe en su entorno un sublime ruego
que rompe el silencio de la calma plena.

Sumido en el sueño, bajo luna llena,
el hombre despierta, deslumbrado, y luego,
siente en su costado algo como fuego
que eleva el espíritu de esa noche buena.

Esa era la imagen de la Virgen pura.
mostrando su rostro la hermosa figura
y en sus manos limpias el sacro Rosario..

El afortunado corre hacia la aldea,
a mostrar, gozoso, la extraña presea
que bendice al pueblo desde su Santuario..

JUAN RAMÓN MOLINA
(Con respeto, a todos los "Molinianos")

Incansable panida de rimas y de prosas.
Pescador de sirenas en mil difusas playas
que capturó las musas en sendas atarrayas
para llenar sus redes de inenarrables cosas.

Fue su numen glorioso como un vergel de rosas,
en torreones sagrados de ingentes atalayas,
para librar, airoso, históricas batallas
en los mares y cielos y tierras fabulosas.

Fue su lira sonora, tronante y plañidera,
el instrumento fácil de una cátedra austera
que convirtió las letras en romántica escuela.

Fue el inquieto hortelano que rompió los eriales,
que sembró la poesía de auríferos trigales
y los regó en el alma de su Comayagüela.

QUERIDO MUELLE
(A la memoria de don Reynaldo Canales (QDDG), y familia)

Cuando el Sol se ocultaba en el Poniente,
con destellos rojizo-anaranjados,
mil ojos se posaban admirados
sobre el mar azulado y transparente.

Era el paseo ideal, el más frecuente,
que por las tardes elegían, encantados,
los jóvenes del puerto, enamorados,
en la cita secreta y confidente.

Casi un siglo después, esos maderos
aguantaron el sudor de los muelleros
que buscaban el lógico sustento.

¡Viejo muelle! ¡Nuevo muelle! ¡Gran amigo!
Mis recuerdos irán siempre contigo:
los de ayer y de hoy. ¡Al cien por ciento!

EL EMIGRANTE
(A todos los hondureños en el exterior)

Siento enormes deseos, y esto es cierto,
de volver a mi tierra de caudales
y prodigiosas riquezas naturales
como si fueran frutas de mi huerto.

He cruzado fronteras y desiertos,
hambrunas ominosas y brutales,
y sufrido atropellos infernales;
sin contar con los paisanos muertos.

Por ello, Patria, regresar quisiera,
para olvidar esta angustiosa espera
que mantiene intranquila mi conciencia.

Quiero pensar que tu Sol y que tu Luna,
alumbrarán por siempre aquella cuna
que nos meció durante la inocencia.

EPÍLOGO

LA OBRA DE UN HOMBRE

La primera vez que conocí a Wilfredo Mayorga, era yo un adolescente con profundas aficiones periodísticas. Recién había terminado la primera lectura del "Quijote de la mancha" y el profesor Braulio Fajardo, nuestro maestro de Literatura, me pidió que hiciera a nombre del grupo estudiantil que leímos y comentamos la obra, un breve comentario donde reseñara con nuestro modesto razonamiento, lo que pensábamos de las hazañas del ingenioso hidalgo de la Mancha.

Entusiasmado al creer que podía escribir, por la felicitación que recibí del Profesor Fajardo, al estar cierta vez frente a Wilfredo Mayorga, entonces Jefe de Redacción de diario La Prensa, le pedí que me aceptara escribirle notas deportivas y generales de los acontecimientos de nuestro querido Puerto Cortés. La aceptación de Wilfredo me abrió las puertas de la esperanza y comencé a escribir en condición de corresponsal porteño. Wilfredo Mayorga me abría las puertas siendo apenas un jovencito, para entrar de lleno al periodismo, generosidad que guardo de manera inmarcesible e imperecedera en mi mente y en mi corazón.

Solo un gran hombre y una buena persona tiene tanta capacidad de desprendimiento como me lo demostró desde aquel año Wilfredo Mayorga. Desde entonces hemos sido amigos entrañables y en el plano profesional, sigue siendo mi maestro, a quien desde sus mejores años en el periodismo hasta ahora, le guardo el mas devoto de los respeto y la más alta admiración.

Wilfredo Mayorga, cumple rigurosamente con el perfil delineado por el gran periodista polaco Rizard Kapuszinsky, quien definía que solo "una buena persona es capaz de ser un gran periodista", puesto que no puede esperarse de un truhán o un vulgar el desempeño un papel periodístico con altura.

En sus años de jefe de redacción de La Prensa, Wilfredo lideró a un gran equipo de profesionales que fundaron el primer periódico comercial moderno que rompió el molde del periodismo oficial que se ejercía en los periódicos de la época.

Wilfredo Mayorga estuvo al frente de esa empresa hasta que su dignidad le marcó un detente, cuando el interés comercial pretendió enclaustrarlo dentro del lineamiento del patrón-empresario que pretendió usurparle las funciones para obligarlo a hacer un periodismo que no correspondía a un periódico independiente.

Pero Mayorga se fue como todo un caballero, partiendo sin rencores ni resquemores, dejando abierto una brecha periodística que sirvió para que el periodismo hondureño se modernizara sin perder la bandera de ser un oficio al servicio de Honduras.

Hoy, el maestro Wilfredo Mayorga, disfrutando de la mayoría de edad, dando paso al desfile de sus numerosas experiencias, recoge en esta obra un verdadero compendio de vivencias que a la vez son enseñanzas, y que constituyen una grandiosa fuente donde los periodistas y ciudadanos en general podemos encontrar el significado de épocas pasadas que no volverán, pero que constituyen auténticos episodios de la historia de nuestro país.

Como bien lo dijo el periodista polaco Rizard Kapuszinsky, definiendo el trabajo de quien se puede calificar de ser un buen periodista, el trabajo periodístico lo puede hacer cualquier persona, pero el buen periodismo solo puede hacerlo una buena persona.

Y en la vida, Wilfredo Mayorga ha cumplido la rigurosa regla de Kapuszinsky: ser un buen periodista y ante todo, una gran persona.

Saludamos la aparición de este libro de Wilfredo Mayorga y desde ya le auguramos una gran acogida entre los lectores hondureños.

RODRIGO WONG ARÉVALO

NOTA DEL AUTOR

El licenciado Rodrigo Wong Arévalo es fundador y presidente ejecutivo de Editorial HABLEMOS CLARO, que publica cinco revistas de circulación semanal, quincenal y mensual en la capital de Honduras, Tegucigalpa. Propietario del Canal Educativo Nacional (TEN) o Canal 10, donde transmite uno de los más acreditados noticiarios de la nación (Abriendo Brecha), se suma la emisora ABC Radio, que reúne a un selecto e idóneo personal contratado entre los más calificados profesionales del periodismo nacional. En el 2014, inauguró su novedosa programación SERCANO (Servicio Centroamericano de Noticias), escogiendo como centro de operaciones la ciudad de Miami, Florida, EE.UU.

-- V --

VOCES SOLIDARIAS

La mejor respuesta a una obra realizada, es el sentir y pensar de la gente. Y cuando esas opiniones provienen de personas que guardan estimación por el autor, no puede esperarse más que la manifestación espontánea que emana de sus corazones.

Cuando se publicó nuestro primer libro "PERFILES CATRACHOS", a finales del 2007, muchas fueron las voces alentadoras que recibimos. Como podrá colegirse, son familiares y amigos, que han estado y están con nosotros en las vicisitudes y en las alegrías.

Otras felicitaciones y buenos augurios, los recibimos personalmente y por teléfono.

¡Gracias a todos y cada uno!

*** "Parece que fue ayer..pero es hoy. Es hoy, que mis queridos paisanos vuelven a reconocer tus méritos. Es hoy, que la Ciudad Cívica, esa tierra de mis ancestros; esa tierra que vibra y palpita tremendamente en mi corazón, se llena de júbilo y emoción para decir presente a una trayectoria inclaudicable en tus acciones y en tu pensar.

Desde aquí, la Capital del Mundo, Nueva York, donde represento los intereses de Honduras en el más alto Foro internacional --las Naciones Unidas-- te hago llegar las felicitaciones más expresivas, por el merecido reconocimiento que se te hace". (LIC. IVÁN ROMERO

MARTÍNEZ, Representante de Honduras en la ONU. Actual Embajador en Gran Bretaña)

*** *"Como dice Julio Escoto: La presentación de un libro en este país, debe ser motivo siempre de una Gran Celebración".* (GUILLERMO ANDERSON.-Inspirado y aplaudido canta-autor nacional e internacional.-La Ceiba, Honduras)

*** *"Leí su libro; está excelente. Lo felicito; ya lo estoy recomendando".* (MARIO BERRÍOS.-Abogado y escritor.-San Pedro Sula, Honduras)

*** *"Por este medio le envío un atento y cordial saludo, a la vez agradecer a usted la cortesía que me brindó al dedicarme un ejemplar de su libro Perfiles Catrachos. Por ello, le manifiesto mi profunda satisfacción, que viene a reflejar el aprecio y la solidaridad que nos une.*

Aprovecho la ocasión para expresarle las muestras de mi distinguida consideración. Muy atentamente". (LIC. RODOLFO PADILLA SUNCERI, Alcalde Municipal de San Pedro Sula, Honduras)

*** *""Estimado amigo: lo felicito por su libro. Los libros son, y sobre todo, los buenos, los que eternizan a la persona".* (FÉLIX OVIDIO CUBÍAS.-Escritor y columnista de Diario Tiempo; director Revista Jambalaya.-Nueva Orleans, EE.UU)

*** *"Recién he recibido su elegante libro, y leído algunos temas a mi madre, quien está muy contenta con los apuntes nostálgicos que usted incluye en su obra. La encuentro bien impresa y con una rica temática.*

Creo que Perfiles Catrachos debe ser reeditado con agregados que, sin duda, esta vez se quedaron dentro de su cartera". (LIC. SIGFRIDO PINEDA GREEN.-Sociólogo y periodista, editor de "El Sol de California".-Los Angeles, CA, EE.UU)

*** *"Apreciado Wilfredo: Mil gracias por haberme enviado su libro. Lo he estado leyendo y es interesantísimo. Es encomiable ese gran trabajo investigativo. Y, claro, gracias por las menciones a mi trabajo.*

Lo felicito muy sinceramente y su libro lo tendré a mano; indudablemente que es una importante fuente de consulta para quienes escribimos y amamos a la siempre bella Honduras. Un abrazo cordial".
(LIC. ROBERTO QUESADA, escritor y diplomático; asesor en las Naciones Unidas.-Nueva York, U.S.A.)

*** *"Lo felicito por la brillante idea de hacer un libro que servirá para la posteridad. Nos hace retrotraernos en el tiempo, para volver a peregrinar sobre esos bellos pueblos de Honduras, y conocer más sobre nuestros usos, costumbres y tradiciones.*

Su libro es un bagage de información; muy útil para los estudiantes de periodismo y público en general. ¡Qué buena idea ilustrarnos sobre esos talentos que han entregado su vida al mundo de las comunicaciones".
(GERMAN DÍSCUA, Licenciado en Administracio y Periodista.-Miami, FL, EE.UU)

*** *"Estimado amigo Mayorga:He recibido el libro que usted, gentilmente, me ha hecho llegar por medio de mi hermano, José Manuel Molina. Lo he leído y me ha hecho recordar cosas de mi Honduras, conocer datos que nunca conocí, disfrutar de pasajes y anécdotas que, en un momento dado, fueron del ayer que vivimos en nuestra juventud y que, ahora, por medio de su libro, han llenado el vacío que deja estar lejos de nuestra querida Patria. Gracias, y mis más sinceras felicitaciones, porque con su aporte Honduras sigue cosechando fuera de sus fronteras. Afectuosamente".* (MANUEL ANTONIO MOLINA)

*** *"Wil: Gracias por tu magnífico regalo. Me refiero al libro, que agradezco con todos esos conceptos sobre mi padre y la admiración, que veo, le tuviste. El libro me encanta; esa manera coloquial cómo está* *contado, porque eso es lo que hiciste: Contar una historia, sobre todo de nuestra querida Ceibita Bella, de nuestros recuerdos de estudiantes del "Manuel Bonilla". En fin, me transportaste a un pasado romántico y casi olvidado.*

Pienso que no sólo un buen ceibeño debe y tiene que leer este libro, sino todo costeño que se vea reflejado en alguna de esas historias". (GUSTAVO MOYA POSAS, hijo del periodista Angel Moya Posas. San Pedro Sula, Honduras)

*** *"Yo sé lo que es esforzarse tanto y que no reconozcan todo el esfuerzo entregado a un proyecto. Pero no desmayemos, que hay que seguir. Lo admiro mucho, y ¡Qué bárbaro! escribir todo ésto y tener que recopilar tanta información para después hacerla exquisitamente digerible al lector. Mis respetos para usted".* (MARGARITA MOYA DAVADÍ, Licenciada en Periodismo.-Miami, FL, U.S.A.)

*** "…es un valioso testimonio histórico de gran utilidad para las generaciones actuales (y no digamos para las futuras), y particularmente para los estudiantes de Periodismo. Estoy conociéndolo y descubriéndolo todavía…Yo no sabía que Ud. es un genuino historiador, además de sus otras cualidades sobradamente reconocidas por los que le admiramos y le queremos..

Lo felicito sinceramente, y que Dios le dé larguísima vida y que mantenga esa cabecita siempre creativa".(MARTÍN BAIDE URMENETA. Abogado y periodista)

*** *"Con todo amor estamos enviándole nuestras calurosas felicitaciones por la presentación de su libro Perfiles Catrachos en Honduras. Estamos orgullosos por sus éxitos, que abarcan décadas de talento y dedicación por su familia y por su Patria querida".* (REINA, RUBEN, ANDREW y VANESSA DELIZ: hija, yerno y nietos, desde Atlanta, Georgia; MIRIAM, THOMAS, TOMMY, RICHARD, KRYSTAL y JUSTIN CAULEY: hija, yerno y nietos, desde La

Florida; WILLIE, REBEKAH y TYLER DELIZ: nieto y su esposa, y primer bisnieto, desde Yuma, Arizona; LALA R. MENDOZA, madre de nuestras hijas, desde La Florida, EE.UU)

*** *"Por ser un padre sin igual; por su corazón de oro y gran humildad; por ser un hombre dotado de gran sabiduría por Dios, la cual ha podido plasmar en la vida de quienes le rodeamos; gracias. Este libro es uno de los muchos logros de su gran trayectoria periodística, personal y familiar. Usted es un orgullo nuestro y de nuestra querida Honduras".*
(MARTHA, VICKY y WILLIAM: hija, y nietos, desde Livermore, California)

*** *"Su libro representa la esencia del amor que siente por los demás, por su Patria, sus amigos y familiares. Papi: que Dios le siga derramando inmensas bendiciones. Por sus sacrificios, su árduo trabajo y por el amor que nos ha dado, le estamos eternamente agradecidos".*
(LUPE MAYORGA e HIJOS, CLAUDIA, DAVID, DANIEL, JAZZY y AMBER ARCHULETA: hija y nietos, desde Salt Lake City, Utah, U.S.A.)

BIBLIOGRAFÍA

Diario EL MIAMI HERALD (Miami, Florida, EEUU)

Diario EL NUEVO HERALD (Miami, Florida, EEUU)

Revista HABLEMOS CLARO (Tegucigalpa, Honduras)

Diario EL HERALDO (Tegucigalpa, Honduras)

Diario LA TRIBUNA (Tegucigalpa, Honduras)

Diario TIEMPO (San Pedro Sula, Honduras)

Diario LA PRENSA (San Pedro Sula, Honduras)

Semanario EL CEIBEÑO (La Ceiba, Honduras)

Periódico ENLACE/ EL SOL DE CALIFORNIA (Los Ángeles, CA, EEUU)

Semanario PRENSA LATINA (Los Ángeles, CA, EEUU)

Semanario TODOSPORTS (Nueva Orleans, LA, EEUU)

Libro GARGANTAS DE ORO (Tegucigalpa, Honduras)

Archivo personal y familiar

===

CRÉDITOS:

PORTADA, CONTRAPORTADA Y RETOQUES: Ramón
Oquely Mayorga Alonzo y Ramón O. Mayorga Valle.

ORACIÓN POR LA PATRIA

(Por Dionisio Romero Narváez) *

Señor, Supremo Hacedor del Universo, vuelve tu mirada piadosa, extiende tus manos milagrosas sobre la Patria mía...

Haz que los hondureños, Señor, tengan paz en el espíritu, tranquilidad en los hogares y el goce pleno y perpetuo de sus libertades públicas...

Haz que en nuestra tierra reverdezcan los cultivos y cante el trabajo y vuele la esperanza...

Que la mañana recobre su frescura, el valle su fertilidad y el río sus caudales...

Por la cruz de tu martirio y por tu corona de espinas, aplaca el instinto de los déspotas y enséñales, Señor, los caminos de la rectificación...

Haz que el rico se humanice y comprenda tu doctrina; y salva, Señor, a los humildes obreros; sálvalos, Señor, de nuevas injusticias y más explotaciones...

Que la luz de la razón ilumine nuestras mentes y que el bien se anide en nuestro sentimiento...

Que cesen las lágrimas de la Patria y caigan los puños que insisten en golpearla...

Que la violencia muera y reine la concordia…

No permitas más odios, Señor, de hermano contra hermano; y haz que sobre la pugna cruel de las pasiones se imponga el abrazo de la conciliación…

Por tu infinita bondad y por tu infinito poder, Señor, haz que Honduras se limpie de amenazas y se libre de acechanzas…

Que no la ofenda más la agresión extranjera y que no la hiera otra vez la asonada interior…

Pon tus manos, Señor, sobre el corazón de la Patria; y toca y levanta la conciencia de tu pueblo…

Decidle al soldado, Señor, decidle al campesino, decidle al magistrado y al industrial, y al estudiante y al obrero; decidle a todos, Señor, que el honor es primero, y que la Patria no quiere hijos sin honor…

Señor, la expiación ha sido larga y largo el calvario y largo el sufrimiento…

Perdónanos, Señor…

Que no se vaya la libertad, ni la justicia, ni la paz…

Que no vuelvan los tiranos…

Que no vuelva la opresión…

Líbranos de todo mal, Señor, y derrama tus bendiciones sobre Honduras…

AMEN.

(Enviada por su hijo, entonces embajador en la ONU, Iván Romero Martínez, vía Internet, el 20 de agosto del 2006))

(*) Periodista y escritor. Fogozo orador. Fue alcalde de Olanchito; también fundador de varios periódicos (Alerta, Patria, Costa Norte); director del diario oficial Correo del Norte. en el gobierno del Dr. Ramon Villeda Morales.

Poco tiempo después de la desaparición física de Romero Narváez, falleció su esposa Lolita Martínez ; y en un espacio relativamente corto, su hijo Dionisio Jr. Su primogénito, el doctor Pompilio Romero Martínez, quien se desempeñaba como Diputado en el Congreso Nacional, también dejó de existir en Santa Rita, Yoro. Y la fatalidad impuso el sello mortal, cuando sus descendientes menores María Dolores y Wladimiro fallecieron, respectivamente, el 5 y el 20 de octubre del 2009, en San Pedro Sula, sobreviviendo, Iván, Lesbia y Ligia.

El licenciado Iván Romero Matinez, fue ratificado por los gobiernos de Porfirio Lobo Sosa (2010--2014) y Juan Orlando Hernández (2014—2018) como Embajador en el Reino Unido, dadas sus altas y reconocidas capacidades como profesional del Servicio Exterior.

===

Printed in the United States
By Bookmasters